: 서른의

        입구에서

날것의 기분 | 서른의 입구에서

초판 1쇄	2024년 3월 29일
지 은 이	이하늘
디 자 인	이하늘
편　　집	이하늘
펴 낸 곳	하모니북

출판등록	2018년 5월 2일 제 2018-0000-68호
이 메 일	harmony.book1@gmail.com
홈페이지	harmonybook.imweb.me
인스타그램	instagram.com/harmony_book_
전화번호	02-2671-5663
팩　　스	02-2671-5662

ⓒ 이하늘, 2024
ISBN 979-11-6747-165-9 03810

* 책값은 뒤표지에 표시되어 있습니다.
* 이 책 내용의 전부 또는 일부를 이용하려면 저작권자와 출판사의 동의를 받아야 합니다.
* 이 도서의 국립중앙도서관 출판예정도서목록(CIP)은 서지정보유통지원시스템 홈페이지
 (http://seoji.nl.go.kr)와 국가자료공동목록시스템(http://www.nl.go.kr/kolisnet)에서
 이용하실 수 있습니다.

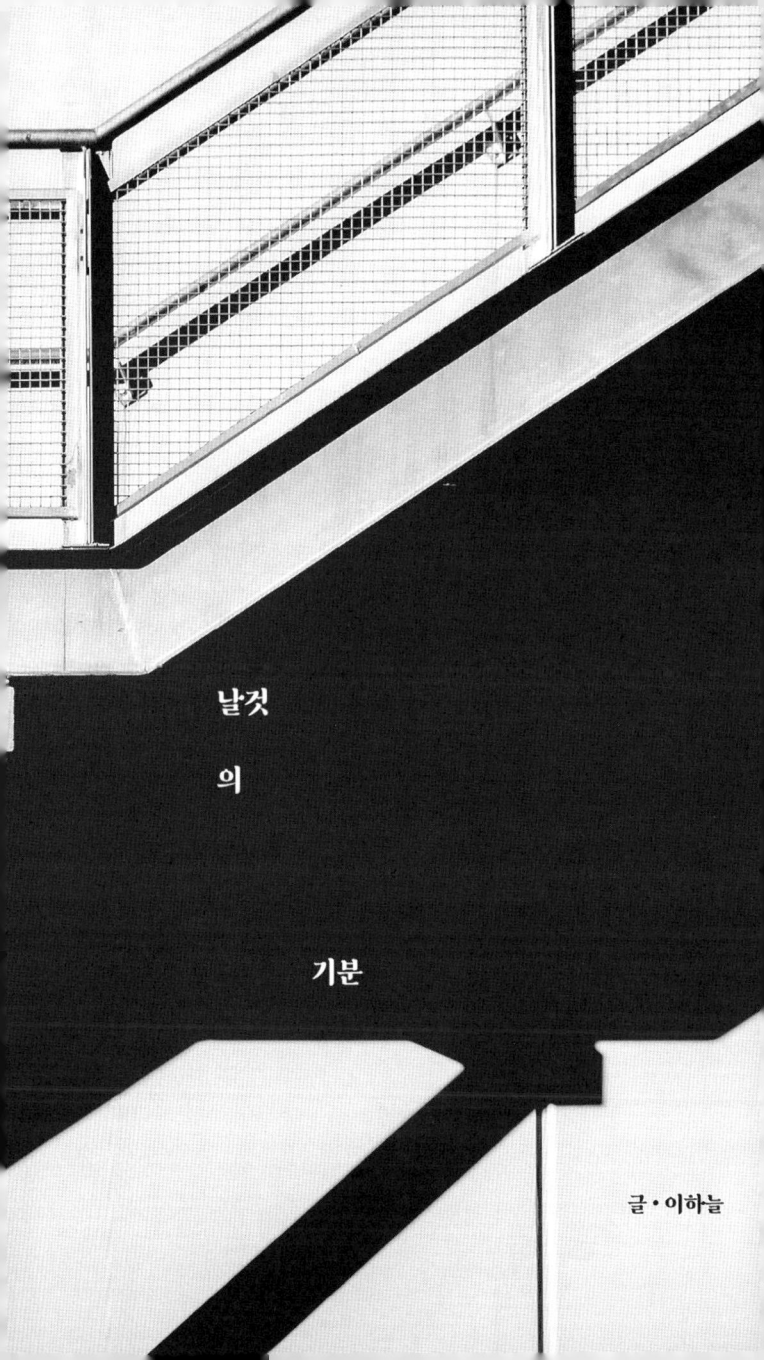

날것

의

기분

글 · 이하늘

입구 ──────【入口】

[명사]
: 들어가는 통로

알몸

의

    소녀

[연구 ─── 서문]

 탄생을 밀힐 때 사뭇 아름답다고 할 수 있을까. 산모에게는 충격과 공포 그 자체이고 아기에게도 바깥세상을 처음 마주한 낯섦과 당혹스러움의 연속일 것이다. 고귀하고 아름다운 순간임은 분명하지만 그건 제삼자의 입장이다. 우리가 탄생을 '위대하다'고 칭할 수 있는 이유는 산모와 아기가 상상할 수 없는 고통을 견뎌냈기 때문이다.
 요즘은 임신과 출산부터 육아 과정을 부모가 촬영하고 모조리 기록하는 시대다. 생생한 순간을 담은 개인 채널, 방송 프로그램만 봐도 감격의 순간을 떠올리기란 쉽다. 출산의 경이로움 앞에 숨죽이며 누군가의 날것을 본다. 그리고 나의 날것을 상상한다. 경험했지만 상상해야 하는 기억에 없는 아이러니다. 당신의 처음을 생각해 보라. 우리는 엄마 품에 열 달을 살다가 비좁은 곳을 벗어나려 꿈틀거리기 시작했고 세상을 향해 머리를 내밀며 발을 뻗어 낯선 이곳에 도착했다. 우리가 그렇게 고생해서 얻어낸 첫 결과가 세상과의 만남이다. 아기는 내가 세상에 왔노라고 핏덩이의 알몸으로 우렁차게 울어댄다. 두 손엔 아무것도 없지만 주먹을 꽉 쥐고 두 눈은 꼭 감고 빽빽 울어댄다. 낯설고 차가운 환경에 악착같은 울음으로 나를 표현한다. 단순하고 무지성한, 그저 생존만을 위한 울음. 그것이 우리의 첫 언어다. 그 본성이 바로 날것의 자신이다. 고통의 순간 또는 예상 밖의 상황에서 사람의 날것이 드러난다. 고통을 느끼는 것은 나를 보호하는 기제가 된다. 고통을 호소해야 병원으로 달려갈 수 있듯이 고통이 보내는 신호에 민감해야 한다. 마찬가지로 성숙하기 위해서는 날것의 기분을 돌봐야 한다.

    외국인 남성이 한쪽 볼을 책상에 대고 엎드려, 그대로 잠에 곯아떨어진 모습의 거대한 두상을 아는가. 〈마스크 II〉라는 이 작품은 2011년 우리나라 리움미술관Leeum Museum of Art「인간人間 일곱 개의 질문」에서 처음 알려졌다. 작가인 론 뮤익Ron Mueck은 호주 출신이자 영국에서 극사실주의를 대표하는 작가다. 그는 실리콘이나 섬유조직을 이용해 피부, 머리카락, 의복 등을 복제해 실제와 똑같이 재현하는 극사실주의 표현을 한다.

파리 까르띠에 현대미술재단Fondation Cartier Pour l'Art Contemporain주관으로 열린 론 뮤익 전(23.6.8.~23.11.5.)에서 소개된 〈소녀〉라는 작품은 사진으로 봤지만, 첫눈에 강렬한 인상을 심어줬다. 소녀는 수줍은 아이가 아니라 갓 태어난 거대 아기다. 대형 전시관에 단독으로 선시될 만큼 크게 제작됐다. 아기는 알몸에 아직 자르지 않은 탯줄까지 달고 있다. 군데군데 핏자국이 선명한, 주름 잡힌 피부와 살짝 젖은 듯한 머리칼을 보면 사실인 양 소름이 돋는다. 소녀의 표정은 정말 압권이다. 미간을 찌푸리고 앙다문 입은 불만이 가득해 보인다. 한 쪽 눈은 채 뜨지도 못했다. 작품 해설은 없다. 그저 〈소녀〉라는 제목만 있을 뿐이다. 론 뮤익은 관람객의 자유로운 해석을 원했다. 누군가는 탄생의 축복과 인생의 고통을 본능적인 울음으로 표현했다고 하고, 실로 고귀한 것은 아름다운 것에만 있지 않다는 표현 같다고 했다. 말 그대로 현실 고증인 셈이다. 제목이 왜 '아기'나 '탄생'도 아니고 〈소녀〉일까. 소녀의 뜻을 국어사전에서 찾아보면 "아직 완전히 성숙하지 아니한 어린 여자아이."로 정의한다. 성별을 알려주기 위해 어린 여자아이란 표현을 한 것 같기도 하지만, 나는 왠지 아기라는 인격체를 존중해주는 것 같았다. 단지 어린아이가 아니라 소녀라는 구체적인 성별을 부여하고 성숙하여질 미래를 암시하는 단어처럼 보였다.

글 쓰는 일도 출산과 같다고 한다. 오랜 시간 공들여 품었다가 결국 세상으로 내보내지는 것이기 때문이다. 인쇄소부터 발로 뛰며 구석구석 정성 들였지만, 실수투성이로 만든 처음 책이 세상에 나온 후에 독립출판물 전문가인 독자는 이런 피드백을 남겼다.

"하늘님 책과 같은 살짝 엉성하고(?) 풋풋하고(?) 날것의 느낌, 저는 그게 더 좋아요."

내 책도 알몸이던 시절이 있다. 날것의 느낌

이 든다는 평은 그 당시 내가 들을 수 있는 최고의 찬사였다. 출판에 대해 아무것도 모른 채로 인터넷과 책을 뒤져가며 앓다가 어설픈 책을 만들었다. 벌거벗은 채 태어나 세상과 어색하게 만났다. 만약 내 책에도 인격을 부여한다면 '소녀' 같은 어여쁜 이름을 붙여주고 싶다. 앞으로 성숙한 어른으로 자라날 모습을 그려볼 수 있게 말이다. 몸집만 키운 거대한 아기가 됐을 뿐, 여전히 날것을 그대로 두르고 있겠지만 내가 울부짖는 울음이 아직 미숙한 언어일지라도 누군가에겐 뼈근한 가슴으로 안아주고 싶은 작품이면 좋겠다.

    우리는 알몸인 시절을 잊고 산다. 아무것도 없는 나를 하나씩 채워주던 부모님의 무조건적인 사랑도 함께. 그래서 니의 날것을 하나씩 되짚어 보고 싶다. 그게 진짜 본연의 모습이라는 생각이 부끄럽기도 하지만 오히려 부끄러운 것을 드러내 보자는 엉뚱한 생각이 들었다. 어리광을 부릴 수 있고 그걸 받아 줄 수 있는 마지노선이 있다면 지금인 것 같아서. 서른의 나는, 날것의 기분을 마음껏 누릴 것이다.

2023년 가을.

· 목차 ·

[입구 ──── 入口]

알몸의 소녀　　　　6

[제1부] ─────── ✤ 시간

첫 단추　　　　18
블루존 식단　　　　26
거품이 사라졌을 때　　　　32
겨울나무　　　　38
광물의 파편　　　　44
균형의 찰나　　　　52

[제2부] ─────────── ✤ 관계

어지를 시기	60
날것을 사랑하기	66
맨발 걷기	72
상처가 아물기 까지	78
모두가 집에 돌아갔을 때	82
계단의 뒷면	88

[제3부] ──────────── ✣ **태도**

노출 콘크리트   98
오래 살아 남기   104
슬픔이 골라내 준 것   110
달걀 껍데기 같은 믿음 118
치실같은 인생   126
소유와 향유   134

[제4부] ✣ 꿈

나만의 무늬	142
동경하는 나의 꿈	148
Home, Sweet Home	154
모험하는 어른	160
애착 인형	168
편집된 나	174

[출구 ──── 出口]

The End	184

[제1부] 시간

첫

단추

세상은 혹독하다. 아르바이트를 지원하는 일조차 경력을 중시하고 나서서 신입을 키워주려고 하지 않는다. 본인도 여유가 없는 바쁜 현대사회에서 수고를 자처할 사람이 어딨겠는가. 어쩌면 혹독한 게 아니라 합리적일 수 있겠다. 수많은 아르바이트 중에서 경력 없이 시작하기 어려운 예로 카페 일이 있다. 어떤 카페도 경력 없는 신입은 선호하지 않는다. 그럼에도 그 수고를 자처한 개인 카페에서 운 좋게 일을 배우게 됐다. 그게 아마 첫 아르바이트였을 거다. 처음이라 주문 실

수도 정말 많이 했고 이따금 컵을 깨 먹기도 했다. 사장님이 참아주신 덕분에 그곳에서 일을 차근차근 배우고 꽤 즐겁게 일했던 기억이 있다. 만약 사장님이 신입에게 기회를 주지 않았더라면 나는 첫 단추를 끼울 수 없었고 이후에 카페 일은 꿈에도 못 꿨을 거다. 그 첫 시작이 즐거워서 이후에도 다양한 카페를 경험하며 경력을 쌓아갔다.

첫 단추와 관련된 옛말이 있다. 새로운 출발이나 시작을 의미할 때는 첫 단추를 끼운다고 표현하고, 시작이 잘못됐을 때는 첫 단추를 잘못 끼웠다고 표현한다. 단추를 끼운 결과는 옷의 마지막 부분에 다다랐을 때 비로소 알 수 있다. 단추의 특성상 한 번 끼우기 시작하면 차례로 보이는 구멍을 찾아 끼우게 되기 때문에 처음에는 끝을 가늠하기 어렵다. 단추야 끝에 다다라서 잘못 끼웠다는 것을 알아챘을 때 약간은 수고스럽겠지만 되돌아가서 처음부터 다시 끼우면 된다. 그러나 우리의 시간은 되돌리기 어렵다. 그래서 첫 단추를 잘 끼우기 위해 면밀히 살피고 또 살핀다. 그래도 실수할 수 있고, 잘 끼웠는데 중간에 잘못 끼울 수도 있다. 그러나 일단 첫 단추를 끼웠다는 것에 박수를 보내고 싶다. 시작했으니 멈추지만 않는다면 어떤 결과가 있을 것이다. 이것저것 고민하는 지인이 있으면 나는 일단 해보라고 이야기하는 편이다. 무언가 시도해 봐야 어떤 결과가 나온다. 설사 후회가 남는 결정이라도 시도하지 않은 후회보다 크지 않을 것이다. 시도할 수 있다는 것 자체가 축복이고, 그 경험이 다음 결정을 할 때 시행착오를 줄이도록 도와준다. 처음 독립출판물을 제작한 이후로 내 삶이 많이 변했다. 그 첫 단추가 다음 책으로 이어졌고, 이젠 직업을 바꿔버릴 정도로 책을 사랑하는 사람이 됐다. 어떤 시작은 어떤 결과로 이어지고 또 어떤 길을 낸다. 전혀 상상하지 못한 일로 이어져서 때론 좌절하고 눈물짓기도 하지만 반대로 짜릿하게 웃는 날도 있다. 그래서 인생은 살아볼 만하다고 하는 게 아닐까.

      어릴 때 오빠를 따라 얼떨결에 다니기 시작한 동네 피아노 학원을 초등학교 6학년 이후로 더 이상 다니지 않았다. 체르니 시리즈의 마지막 단계인 50번까지 마스터했다는 이유였다. 그즈음에 사모님의 권유로 교회 어린이부 반주를 시작했다. 나는 줄곧 하농이나 체르니, 모차르트 같은 클래식 곡만 연주했지 교회 음악에 필요한 찬송가며 코드는 제대로 배우지 못했다. 다행스럽게도 피아노 전공자였던 사모님께서 찬송가를 가볍게 훑어주셨고 예배 반주를 위한 기초 지식을 알려주셨다. 이후로 맨땅에 헤딩하며 지금의 반주를 연명하고 있다. 코드가 무언지도 몰랐던 내가 4부 합창하는 찬양대 반주를 하고 있다니 아직도 얼떨떨하다. 분명한 건, 내 힘으로 하는 게 아니다. 반주자로 오랜 시간이 누적되다 보니 많은 예배를 통해 어느 정도 훈련이 됐다. 하지만 화성학 같은 지식적인 부분에서 한계에 부딪힐 때가 많다. 물론 지식을 알아도 적용하는 건 또 다른 문제겠지만 할 수 있는 최대한의 노력은 해보자고 마음먹었다. 전공자 선생님을 찾아 개인지도를 받아보기도 하고 인터넷의 훌륭한 강의를 따라 하며 고군분투하고 있다. 여전히 박자를 놓치고 이런저런 실수로 남몰래 눈물 훔치는 날도 많지만 조금씩 성장하는 내가 좋다.

    가장 해결되지 않는 부분은 박치인 내가 초견으로 악보를 읽을 때다. 혼자서 악보를 읽는 것은 마치 교실에서 선생님의 지목으로 일어나 모르는 발음의 영어 문장을 낭독하는 것만큼 자신 없는 일이다. 연주하다 보면 박자를 놓치거나 리듬을 틀리더라도 다음 마디로 넘어가야 한다. 실수한 부분을 반복하는 순간 연주는 엉망이 돼버리고 노래 부르는 이와 하모니를 이뤄 갈 수 없다. 연주는 시간과 함께 간다. 한 번 시작되면 멈출 수 없고 되돌릴 수도 없다. 곧장 앞을 향해 나가는 모습이 우리네 인생과 똑 닮아있다. 초견으로 악보를 읽는 것처럼 누구에게나 오늘은 처음 마주하는 하루다. 예습할 수도 없고 잠시 멈출 수도 없다. 그러나 멈추지 않기 때문에 다른 이와 조화를 이루며 갈 수 있다. 누군가 나의 연주에 고운 목소리를 얹을 수 있고 다른 악기와 협주할 수도 있다. 매주 반주를 하면서 삶을 대하는 태도를 점검한다. 한 번의 반주를 위해 수많은 시간을 들여 반복하고 또 반복하지만, 그 순간에 이뤄지는 반주는 딱 한 번뿐이라는 것. 연주가 완벽하지 않아도 그 시간을 즐기는 자세와 실수를 유연하게 넘어가는 것, 다른 이와 조화를 이루며 호흡하는 것을 늘 마음에 새기고 있다.

날것은 '처음'에서 가장 잘 드러난다. 첫순간에 우리는 어리바리하고 허둥대는 그야말로 뚝딱대는 로봇이다. 첫 입학, 첫 직장, 첫 여행, 첫사랑, 초보 운전 등에서 우린 모두 뚝딱거린 경험이 있다. 낯선 공간에서는 화장실이 어딘지도 못 찾는 것처럼. 그런데 신기하게도 시간이 더해질수록 언제 그랬냐는 듯이 베테랑이 된다. 그래서 처음은, 그때 딱 한 번뿐이라 더 애틋하고 소중하다. 처음을 겪고 있을 땐 잘 모른다. 내가 얼마나 귀엽고 풋풋한지를. 그래서 밤새 이불을 차고 자책했겠지. 자책한다는 건 내가 이렇게 괜찮은 사람이라는 것을 남들에게 보여주고 싶은 마음에서 비롯된다. 아쉽지만 어떠한 마음을 먹든지 잘 되진 않을 거다. 그러니 차라리 인정하자. '내가 지금 처음의 단계에 와 있구나.' 하고 자신을 애틋하게 여기면 좋겠다. 서툴고 찌질한 모습도 내가 받아들이면 좋겠다. 오히려 이렇게 각박한 세상에서 처음의 기회가 주어졌다는 게 기쁘다. 앞으로 나아질 가능성이 크다는 점에서도 처음은 좋다.

분명 첫 단추는 시작의 의미에서 중요하다. 하지만 단추가 잘 끼워진 게 맞는지 아닌지 앞서 결과를 생각하기보다 일단 즐거운 경험을 쌓으라고 권하고 싶다. 단추가 채워져야만 옷을 입을 수 있는 게 아니다. 완전히 열기도 하고 반만 잠그고 반은 열어 놓을 수도 있다. 나름의 개성으로 단추 사이에 스카프를 끼워 넣을 수도 있다. 첫 단추에서 즐거움을 맛봐야 그다음으로 또 그다음으로 넘어갈 수 있다.

다행인 건 음악에도 '재즈'라는 장르가 있다. 정해진 악보를 크게 벗어나지 않는 선에서 변주할 수 있는 것이 얼마나 큰 위로가 되는지 모른다. 우리 삶은 이미 시작되었으니 내딛는 발걸음마다 연주자의 마음으로 즐거운 변주를 하길.

블루존

식단

100세 이상 상수하는 사람들이 모여 있는 마을을 블루존Blue Zone이라 부른다. 세계 5대 블루존으로는 일본 오키나와, 이탈리아 사르데냐, 그리스 이카리아, 코스타리카 니코야, 미국 캘리포니아주 로마 린다가 있다. 이들의 공통점은 식이섬유가 풍부한 식물성 위주와 식단과 생식을 먹는 식습관을 가졌다는 것이다.

일본은 재료 본연의 맛을 중시하는 나라다. 그래서 날것의 생선회가 유명하다. 날것은 신선도가 가장 중요한데 갓 잡은 횟감은 훌륭한 식재료다. 날것에도 본연의 맛을 즐길 수 있는 골든 타임이 있다. 날것의 음식을 먹을 수 있는 시간은 생각보다 짧다. 회는 뜨는 순간부터 표면이 공기에 닿아 부패로 들어선다. 당연히 시간이 지나면 신선도가 떨어진다. 아무리 싱싱한 횟감도 갓 잡아 올려 선상에서 바로 떠먹는 맛을 이기기란 어렵다. 결국 날것의 시간이 하루쯤 지난 횟감은 차라리 뜨거운 라면 속으로 들어가 해물라면이 되는 게 낫다.

  우리는 가공식품에 들어있는 식품첨가물food additive을 하루에도 엄청나게 섭취하고 있다. 모양과 맛, 색, 향을 더해 보존기간을 늘리고 오감을 즐겁게 해주지만 속은 더부룩하다. 장수 마을 사람들은 생식을 즐겨한다. 자연의 것을 그대로 몸속으로 바래다주어 우리 몸이 찾는 것을 만나게 해준다. 최소한의 조리로 날것을 먹는 행위는 건강에 유익하고 편안함을 준다. 본연의 맛도 맛이지만 날것의 찰나와 그 가치를 아는 지혜다.

  〈태어난 김에 세계일주 시즌3〉는 마다가스카르 편이다. 바다 로망이 있는 기안84가 작살 낚시를 꿈꾸며 어촌마을로 들어간다. 도심에서도 한참 배를 타고 들어가 관광객을 찾기란 어렵고 그 덕분에 맑은 물의 청정 환경을 유지하고 있었다. 그런데 놀랍게도 '바다의 유목민'이라 불리는 베조족 사람들은 날것을 먹어본 적이 없었다. 기안은 생선을 보자마자 구이용으로 손질되는 생선들을 아깝게 여기며 회로 먹자고 제안한다. 코리안-스타일이라며 갓 잡은 생선을 횟감으로 떠서 한국에서부터 챙겨온 초장에 회를 푹 찍어 먹는 장면이 나온다. 베조족 사람들은 얼굴을 찌푸리며 날것을 먹는 모습을 기이하게 쳐다본다. 이내 권유하는 손길을 마다하지 못하고 초장에 듬뿍 담근 회 한 점을 오물거리다가 어색한 듯 고개를 끄덕여준다. 똑같은 바다에서 잡은 물고기지만 누군가는 횟감으로 보고 다른 한 사람은 생선구이로 바라본다. 늘 먹던 습관대로만, 내가 사는 방식의 문화대로만 바라본다는 게 흥미롭지 않은가.

  우리는 누구나 어머니의 품에서 출발해 날것으로부터 왔다. 날것으로 시작해서 무한한 가능성이 있었다. 날것을 지나는 이십 대를 남몰래 아끼는 이유는 날것의 속성처럼 금세 지나가 버리기 때문이다. 정말 쏜살같다. 빠른 시간을 눈치채고 날것의 나를 찾아주었던 손길과 막막함에 기회를 주었던 그들은 날것의 가치를 아는 사람이었다. 날것에도 여러 장점이 있지만 비릿하고 딱딱하거나 향이 너무 강한 고유의 특성 때문에 맛을 해치기도 한다. 날것을 바라보는 입장 차이는 여전히 있을 수 있다. 언젠가 날것이 지나 뜨거운 라면 속으로 들어가야 할 때가 된다면, 그럼에도 날것의 가치를 알아보는 사람이 되고 싶다. 내가 누군가에게 기회를 주는 자리에 갔을 때, 나도 누군가의 그 찰나의 반짝이는 순간을 빛낼 수 있도록 기회를 주고 싶다. 나이가 들어도 날것을 찾는 블루존 사람들처럼 지혜롭게 나이 들어가고 싶다.

거품
이

사라졌을
               때

거품 빠진 음료 속에 있는 기분이다. 멍하니 째깍대는 시계를 들여다보며 오늘은 뭐 하지, 내일은 뭐 하지 생각한다. 괜히 도서관에서 책을 한 아름 빌려오고 평소엔 즐겨 보지 않던 OTT 드라마, 영화를 찾아 정주행한다. '시간 때운다'는 말을 싫어하는 내가 시간을 죽이고 있다. 삶을 내버려두면 속절없이 시간만 간다. 낮은 밤으로 바뀌고 잠들긴 싫어도 잠잘 시간은 오고야 만다. 시간은 앞만 보고 곧장 간다. 계절은 바뀌고 자연은 쉼없이 일한다. 그래서 아무것도 하지 않으면 역시나 아무 일도 일어나지 않는다.

바쁜 시간을 살아낼 땐 뭐라도 된 줄 착각했다. 하루 종일 빽빽한 스케줄표를 보면서 뿌듯했고, 주말까지 일정이 가득 찬 날이면 시간 관리해 주는 매니저를 옆에 두고 싶다며 실없는 농담을 던지곤 했다. 긴 시간을 배움과 열정으로 꽉 채워 보내고 틈틈이 알바도 하면서 고된 하루에 지쳐 잠들 때면 그런 나를 스스로 기특하게 여겼다. 쉼 없이 달렸고 새로운 직장에 도달했다. 새롭게 시작한 일은 할만하냐고 친구들이 상기된 얼굴로 내게 물었다. 나보다 내 일을 기뻐해 주는 이들에게 차마 일을 그만뒀다고 말하지 못했다. 물론 그들이 '어떤 일을 하는 나'를 자랑스러워하는 게 아니라, '새로움에 지치지 않고 도전하는 나'를 자랑스러워하는 건 잘 안다. 그래서 좋아하는 일을 좇고 마침내 그 일을 하는 내 모습을 더없이 기뻐해 준 것도 안다. 단지 지금은 '성취를 위해 노력하고 있는 나'도 아니고 '성취를 한 나'도 아니라서 나를 무엇이라 설명하기 어려웠다. 아무것도 아닌 모습을 자각하고 나니 스스로 부끄러움과 연민 속에 마냥 숨고 싶었다.

원하는 것을 얻기까지 꽤 오랜 시간이 걸렸다. 이 또한 완벽하게 원하던 일은 아니었지만, 아주

근접한 일이었다. 디자이너라는 이름도 멋지고, 하는 일은 더욱 보람찼다. 누군가 내게 무슨 일을 하냐고 물었을 때 당당히 말할 수 있었고 상대로부터 '잘 어울린다, 멋지다'는 말이 돌아올 때마다 미소가 새어 나왔다. 그런데 이렇게 빨리 거품이 사라지다니. 허탈해서 꿈을 꾼 게 아닌가 싶다. 거품이 아니라 솜사탕 같은 것일지 모르겠다. 물에 흠뻑 젖은 솜사탕. 막대기만 덩그러니 손에 들렸다. 차라리 노력하고 있을 땐 거품을 만들고 있으니, 기대라도 됐다. 음료가 시원하고 청량해져서 감칠맛이 나도록 하고 있었으니까. 그 모습을 보여주는 것만으로 친구들에게 나는 무엇이든 열심히 하는 사람이었고 동기부여와 희망의 본보기였다. 거품이 영원하지 않다는 건 알고 있다. 그래도 마음의 준비 없이 사라진 건 정말 많이 당혹스러운 일이다.

내 의지와 달리 덜컥 퇴사해야 했을 때. 퇴사라는 이름의 무게를 다시 보게 됐다. 내가 아는 퇴사는 내 의지로 꿈을 위해 내리는 멋진 선택이었다. 하지만 이번 퇴사는 스스로 손에 쥐고 있던 걸 놓아야만 하는, 꿈을 빼앗는 잔인한 퇴사였다. 미련하게 모르는 척 회사에 남고 싶었다. 신입에게는 생계보다 한 줄 경력이 더 중요했으니까. 남들에게 거품이 보글보글 올라온

것을 한참 동안은 보여주고 싶었으니까.

거품이 사라졌다고 음료가 아닌 것은 아니다. 오히려 음료 본연을 그대로 이해하고 마실 수 있다. 어떤 향을 가졌는지, 어떤 질감으로 목구멍을 넘어가는지, 끝맛은 어떤 여운을 남기는지. 단순히 맛을 느끼는 것 외에 수많은 정보를 전달한다. 음료 한 잔을 다 비운 순간까지 맛있는 음료가 되는 것이 더 중요하지 않을까. 거품이 올라와 청량감에 맛이 더해지는 찰나에 취하지 말고 거품이 꺼지고 음료병 밖으로 송골송골 습기가 배어 나와 축축해진 잔을 휴지로 닦아낼 때까지 최대한 맛을 유지하는, 오히려 끝맛이 더 매력적인 그런 음료가 가장 훌륭한 음료이지 않을까. 그러려면 가능한 한 빨리 음료 한 잔을 비워내던가 어떠한 첨가물도 넣지 않고 천천히 즐겨야 한다. 가령 시간이 지나면 녹아버리는 얼음 조각이라든지, 종이 맛이 나는 빨대를 음료에 오래 꽂아두지 않는다든지.

날것 그대로는 아무 잘못이 없다. 우리가 맛을 더하고 편리함을 위해 외부에서 자꾸만 무언가를 추가했을 뿐이다. 시간이 지나면서 첨가물과 뒤섞여 변한다는 속성을 잊고 말이다. 우리도 시간이 지남에 따라 서서히 변화를 인식한다. 날것을 잃어간다. 본성은 여전하겠지만 아주 조금씩 자연스러운 나를 알아 간다. 거품이 사라지고 본연의 나를 마주할 때 생각보다 실망스러울 수도 있겠지만 거품이 걷히고 진짜 나를 들여다볼 수 있는 절호의 기회일지도 모른다.

겨울

    나무

누군가는 그토록 기다리는 연말, 누군가는 멀리하고 싶은 연말이다. 머리부터 발끝까지 꽁꽁 싸매면 좋아하는 여행을 가기에도 힘에 부친다. 일단 겨울옷들은 두껍고 무겁다. 외출하게 되면 짐이 한가득이다. 눈이 오는 것도 반갑지 않다. 당장 내릴 때는 너무 예쁘지만, 질퍽한 땅도 곧 얼어붙어서 교통체증을 유발한다. 어릴 적 빙판에서 넘어져서 팔이 부러진 기억이 떠올라서 무섭다. 그렇다, 이런저런 이유가 길어진 만큼 나는 추운 겨울이 싫다. 그런데 최근 들어 겨울이 조금씩 기다려진다. 귀여운 스트라이프 바라클라바를 산 이후부터다. 추위를 녹여줄 겨울 아이템을 장만하니 얼른 겨울이 왔으면 싶다. 연말은 왠지 설렌다.

　　겨울에 결혼한 지인의 이야기를 들었다. 좋아하는 계절이라서 겨울에 결혼했다고 했다. 겨울이 좋은 이유가 눈이 내려서도 아니고 로맨틱한 연말도 아니고 귀여운 겨울 아이템도 아니고, '겨울나무' 때문이랬다. 봄에는 예쁜 꽃도 피고 여름엔 초록 잎이 무성하고, 가을엔 단풍으로 울긋불긋 화려하지만, 잎이 지고 나면 겨울에 앙상한 가지를 드러내는 그 모습이 좋댔다. 어려울 때 자신 곁에 있어 준 그 사람을 반쪽으로 맞았다고 했다. 담담히 지난날을 고백하는 그녀의 용기가 곧은 겨울나무 같았다. 날것을 보여주었을 때 상대방의 반응은 크게 두 가지일 것이다. 떠나거나 남거나. 소중한 사람일수록 날것을 보여주기가 두려울 수 있다. 내 옆에 오래도록 남았으면 하니까. 하지만 진실한 관계는 날것으로부터 시작된다. 진실한 사랑으로 주변을 채우고 싶다면 날것을 보여주는 걸 두려워 말아야 한다. 떠날 사람이었다면 상처를 주고 떠나겠지만, 어쩌면 더 진실한 관계만 남을 것이다.

　　인간은 겨울이 되면 찬 바람이 작은 틈이라

도 비집고 들어올까 봐 한 겹이라도 더 싸매고 몸을 웅크리는데 나무는 겨울이 가까울수록 자꾸만 발가벗는다. 붙어있던 아름다움과 풍성함과 화려함을 모두 내던진다. 그리고 본연의 자기 모습으로 돌아간다. 잎사귀도 꽃도 열매도 없는 날것의 모양 그대로. 나뭇잎이 없어야 나무줄기의 모습이 온전히 드러나면서 어떤 모양을 가졌는지 알 수 있다. 앙상한 가지 사이로 하늘을 곧장 바라볼 수 있다. 밝은 하늘에 그림처럼 가지들이 뻗어져 나온 모습을 대비해서 볼 때, 그 뻥 뚫린 모습에 마음이 환하다. 가지뿐만 아니라 곧고 단단하게 솟아오른 기둥을 똑바로 볼 수 있다. 나무 기둥이 반듯하게 서 있지 않는다면 가지도 힘 있게 뻗어나갈 수 없으며 흐물거리는 가지에는 이파리도, 꽃도 피지 않는다. 당연히 열매도 기대할 수 없다. 겨울만큼 곧고 단단한 나무의 모습을 낱낱이 살펴볼 기회가 또 있을까. 찬바람을 맞으며 나무를 응시하고 있노라면 마치 벌거벗은 채로 거울 앞에 선 기분이다.

      나는 학창 시절부터 책상 앞에 바른 자세로 앉아 있어서 선생님께 늘 칭찬받았다. 가끔은 나를 본보기로 지목하기도 하셨다. 친구들은 그런 나를 90도라고 별명을 붙여줬다. 그런데 2년에 한 번 돌아오는 건강검진에서 의사 선생님은 충격적이게도 내게 척추 옆굽음증—척추측만증에서 최근 명칭이 바뀌었다.—이 있다고 했다. 허리를 꼿꼿이 세우고 앉는 게 여전한 버릇인데도 어쩐지 오래 걷거나 한 자세로 오래 앉거나 서 있는 날은 유독 허리가 아팠다. 사실 한 자세로 경직되게 있는 건 척추에 유익하지 않다. 척추가 호흡할 수 있게 유연하게 자세를 바꿔줘야 한다. 근본적인 것은 결국 드러나고야 만다. 나무에도 겨울은 거짓 없이 드러나고야 마는 그때다.

　　계절이 지나면 나무도 휴식기가 필요하다. 에너지를 계속해서 소비하기만 할 순 없다. 소비했으면 충전해야 하는 것처럼 나무도 순환하는 계절에 따라 쉬어가는 틈에 이듬해 봄을 준비할 수 있다. 겨울나무는 홀가분할 것이다. 머리에 무겁게 내려앉은 잎사귀며, 꽃들이며 귀찮게 하는 새들과 벌레도 찾지 않고, 열매는 노리는 인간도 없을 테니까. 앙상한 가지를 내보이는 겨울이 기다려질지도 모르겠다. 마치 용량이 꽉 찬 노트북이나 핸드폰을 싹 밀어버리는 것처럼 개운할지도 모른다. 이전에는 쉰다는 것 자체가 남들보다 뒤처지는 게 아닌지 불안했다. 쉬는 시간에도 무언가 바쁘게 해야 하고 열심히 사는 게 잘 사는 것이라

착각했다. 쉬는 시간은 그런 게 아니다. 달려온 길을 되돌아보고 다음 스텝을 위한 정비 시간인 셈이다. 땀을 닦고 목을 축이고 운동화 끈을 단단히 매고 또다시 뛸 준비를 하는 것이다. 나의 웅크림은 분명 기지개를 켜기 위한 준비 자세다. 진실한 마음으로 나의 겨울나무를 바라보기를.

광물
의

　　파편

별똥별을 보고 소원을 빌어 본 적 있나. 뉴스에서 유성이 떨어진다고 예고하는 날이면, 오늘 밤 떨어지는 유성을 보고 소원을 빌라는 기사가 뜬다. 유성과 소원이 어떤 관계성을 가지는지 모르겠다. 말이 안 된다는 걸 알면서도 우린 어김없이 소원을 빈다. 당장은 이뤄지지 않겠지만 사라지는 것은 좋은 것을 가져다준다는 믿음 때문이 아닐까.

별똥별은 광물 파편이다. 우주의 행성에서 떨어져 나간 티끌이 대기와 만나는 순간 불타오르며 반짝이지만 가루가 되어 영영 사라진다. 현대미술 비평가인 김지연은 「재능의 집」이라는 칼럼에서 날것의 재능을 광물 파편으로 묘사한다.

"날것의 재능은 곧바로 사용할 수 있는 완성품이 아니라 연마하지 않은 광물 파편에 가깝다. 잠깐 반짝하는 혜성이 아니라 일생을 거쳐 빛을 내기 위해서는 자기 안의 재능을 길들이고, 다른 조각들을 이리저리 이어 붙여야 한다. 접착제로는 노력과 좋아하는 마음도, 순간의 판단과 선택도, 넘어져도 다시 일어나 지속하는 끈기도 있다. 재능과 세상을 이어 붙여 직업으로 안착시키는 과정도 포함된다. 어쩌면 그 모든 것을 합쳐 재능이라고 불러야 할지도 모르겠다."

어린 시절에 한 번쯤 색종이 붙이기를 해봤을 것이다. 조각들을 이어 붙여 하나의 작품을 완성하는 대표적인 미술 기법인 모자이크Mosaic다. 김지연 비평가는 한 조각만으로는 보잘것없는 광물 파편이지만 그것을 이어 붙였을 때 비로소 하나의 재능으로 완성된다는 메시지를 전한다. 그녀의 말처럼 연마하지 않은 한 번의 시도는 헛발질에 불과하다. 그러나 힘없는 헛발질이 모여서 어느새 거대한 힘이 된다. 재능이나 직업으로 만들기 위해 꾸준함과 애정이라는 동력이 필요하다고 말한다. 결국 무엇이든 해내는 사람의 공통점은 노력과 끈기다. 누구나 잘 알고 있는 사실이지만, 노력과 끈기가 어려운 이유는 뜨거운 열정으로 시작하기 때문이다. 열정은 너무 뜨겁고 금방 식어버린다. 모든 에너지를 초반에 다 써버려서 지치고 포기하게 된다. 내가 생각하기에 가장 핵심이 되는 접착제는 한 번의 헛발질을 '애정'하는 것이다. 애정은 은은하다. 뜨뜻미지근해서 존재감이 없지만 그렇기에 눈에 띄지 않게 조용히 제 갈 길을 간다. 눈을 힐끗거리는 소심한 애정이라도 좋다. 그 소심함이 쌓이고 쌓여서 단단한 몇 겹을 이루고 있을 테니까. 무엇이든 애정하지 않으면 꾸준히 지속할 수가 없을뿐더러 좋은 재능으로 발현되지 못한다.

  애정하기 위해서는 한 번의 행위가 얼마나 '가치' 있는지 알고 있어야 한다. 색종이를 찢어 붙일 때 처음엔 재밌지만 계속 같은 행동을 반복하게 되면 싫증 나기 마련이다. 완성해야 끝나니 점점 찢는 종이의 크기만 커졌을 것이다. 어쨌든 완성은 하겠지만 형태를 알아볼 수 없는 다소 거친 표현만 남게 된다. 반면 정성스럽게 작은 조각으로 예쁘게 종이를 찢는다면 부드러운 곡선까지 모두 촘촘하게 표현할 수 있다.

물론 한 땀 한 땀 애정을 담느라 지쳐서 완성하지 못할 수도 있다. 그러나 완성보다 중요한 건 완성도 있는 모습이지 않을까.

    시골에서 도자기 체험을 한 적이 있다. 도예 선생님께서 숙성된 흙덩이를 떼어주시고는 바닥에 밀면서 반죽하라고 했다. 일명 '꼬막 밀기'라는 것인데, 반죽 모양이 조개 종류인 꼬막 모양을 닮아서 붙여졌다고 한다. 꼬막 밀기는 흙 속에 남아있는 공기를 빼내는 중요한 작업인데, 납작하게 미는 것을 주의하라고 했다. 납작하게 밀면 어쩔 수 없이 흙덩이를 돌돌 말아 뭉치게 되고 그 사이로 또 공기가 들어간다고 했다. 공기가 들어가면 도기를 구울 때 가마에서 터져버린다고 했다. 납작해지지 않게 치대면서 굴리는 반죽은 정말 어려웠다. 애초에 하나의 덩어리로 존재하도록 다듬고 굴리며 반죽하는 게 중요했다. 힘이 들어 대충 반죽하는 시늉만 해서 다했다고 번쩍 손을 들면 도예 선생님은 제대로 된 반죽이 아닌 걸 금세 알아챘다. 공기가 그대로 들어있다고 일일이 손을 봐주셨다. 대충 반죽을 해서 도자기를 만든다면 결과는 뻔하다.

    손바닥으로 반죽을 미는 한 번의 터치가 어떤 의미인지 모르는 사람은 공기를 빼는 아주 중요한 작업을 하고 있다는 것을 알지 못한다. 그 의미를 잘 아는 장인은 팔을 곧게 펴고 자신의 체중을 실어 손바닥으로 힘이 모이게 할 것이다. 이처럼 한 번의 헛발질과 사라질 광물 파편이 현재는 아무것도 아닌 듯 보여도 곧 완성될 작품을 위한 초석이다. 꼬막 밀기를 하는 동안 책상 위에는 흙덩이에서 밀려 떨어져나온 가루들로 가득했다. 아까운 가루들을 애써 뭉쳐보기도 했지만, 가루를 전부 모아 쓸 순 없다. 가루들을 보면서 한 덩어리를 만들기 위해 얼마나 몸체를 굴리고 밀어댔는지 그 수고와 노력의 땀방울 같아 고마웠다. 가루들은 곧장 먼지와 함께 쓰레기통으로 들어가겠지만 그 수고가 있었기에 온전한 한 덩어리를 이뤘다.

  학창 시절 필통엔 연필과 지우개가 들어있었다. 수업 시간에 학생들이 지우개를 얼마나 지우는지 종이가 찢어질 때까지 벅벅 지우다 보면 일명 지우개 똥이라 불리는 가루들이 사방에 쌓인다. 보통은 책상 밖으로 지우개 똥을 버린다. 바닥에 마구 버려져서 최후에는 청소 당번들의 쓰레받기로 수북이 쌓인다. 까맣고 쓸모없는 가루를 어떤 아이들은 주워다가 동글동글 굴려서 몸집을 키운다. 자꾸만 굴리고 만지다 보면 새까맣게 손때가 묻어 진회색 찰흙으로 변한다. 말랑한 그 느낌이 좋아서 꼭 지우개 똥을 커다랗게 굴리는 친구들이 있었다. 커다란 지우개 똥 찰흙은 아이들의 재미난 장난감이 되어주었다. 동물 모양을 만들기도 했고 팔찌 반지, 귀걸이 같은 액세서리로 변신했다. 장난친다고 누군가의 가방과 옷에 들러붙기도 했으며 도장판으로 쓰이기도 했다. 지우개라는 본래의 소명을 다한 후에 나오는 찌꺼기마저 나름의 쓸모를 찾을 때가 있다. 가끔 자신의 쓸모를 고민하는 이들이 있다. 자신이 지우개인지 지우개 똥인지 모르겠다며 머리를 싸매는 이들이 있다면 이렇게 말해주고 싶다. 무엇이든 지우개라는 사실은 똑같다. 연필을 지우는 사명에 열심을 내기 이전이라면 지우개일 테고, 열심히 했다면 지우개 똥이 되었겠지. 본래 나의 일을 열심히 해내고 또 그 안에서 해야 할 일을 찾아내면 된다.

잠깐 반짝이는 혜성이면 어떤가. 우리는 그 찰나를 기다리다 반짝하는 순간에 소원을 비는걸. 빛나는 것이 아름답지만 모두가 오래도록 빛날 필요는 없다. 세상에 빛만 있다면 아프도록 눈이 부시지 않을까. 덩어리에서 떨어져 나온 사라질 작은 조각이 얼마나 어여쁜가. 조각은 우리가 수없이 접착제를 붙이고 끈으로 꽁꽁 싸맨들 이미 조각이다. 세월에 닳고 사라져 빈틈이 벌어지기 마련이다. 조각은 떨어져 나갈 때 가장 조각답다. 우리의 서툰 시간도 어차피 사라질 것인데 사라지는 순간까지 어여쁜 눈으로 봐주고 싶다. 행성의 모양을 아름답게 다듬기 위해 떨어져 나온 고귀한 희생 같은 것이니까.

균형

의

찰나

균형 잡힌 하루를 살아 내는 일은 정말 어렵다. 첫째는 우리 몸은 자연스럽게 불균형을 향해 나아가고 있기 때문이고, 둘째는 생각보다 불균형을 교정할 만한 물리적, 심리적 자원이 부족하다는 점이다.

    일반적으로 황금비율이나 대칭으로 외적인 아름다움을 규정한다. 나도 대칭적으로 외모를 교정하기 위해 다양한 노력을 했다. 첫 번째 노력은 치아교정이었고, 두 번째는 시력 교정이었다. 치아교정은 자신 있는 미소와 좋은 인상을 심어주기 때문에 대부분 만족감이 높다. 하지만 교정기를 빼는 순간부터 본래 치아 배열로 되돌아가려는 습성 때문에 사후 관리가 중요하다. 내 치아가 가장 바르고 가지런했던 시절은 교정기를 떼고 난 직후 2~3년이었다. 나는 학령기에 일찍 치아교정을 시작했고 보조기를 제거한 지도 꽤 오래돼서 현재는 자연스럽게 틀어졌다. 정기적으로 치과에 검진받으러 가면 앞으로도 치아는 식습관과 생활 습관에 따라 계속 틀어질 것이라고 했다. 언젠가 기회가 되면 재교정을 받고 싶지만, 시간과 비용의 문제가 있다. 시력 교정은 안경을 쓰고 싶지 않아서 선택했다. 각막을 깎는 라섹 수술을 했는데 교정 직후 역시 2~3년은 양쪽 시력이 1.5로 아주 좋았다. 그러나 근 십 년이 흐르고 주로 우안을 사용한 탓에 오른쪽만 시력이 나빠졌다. 양쪽 시력이 다르다 보니 시야가 겹쳐서 어지럽고 불편하다.

    팬데믹 이후로 필라테스 운동이 인기를 끌더니 여전히 인기가 좋다. 몸의 균형 즉, 코어를 단련시켜 준다는 이유에서다. 속근육이 붙어 자세가 바르고 순환이 잘 된다고 한다. 물론 운동을 열심히 하는 기간은 코어가 단련되겠지만 이 또한 꾸준히 하지 않으면 소멸한다. 보디 프로필을 사진으로 남기는 이유는 근

육의 멋진 몸과 극단적인 식단을 계속 유지할 수 없기 때문이다. 우리 몸은 본래 불균형하다. 아무리 교정하려고 갖은 노력을 해도 균형은 잠시 한 순간일 뿐이다.

물건의 중심을 찾아서 아슬아슬하게 탑을 쌓는 것을 본 적이 있을 것이다. 중심을 찾는 일도, 물건끼리 중심을 쌓아 올리는 일도 절대 쉽지 않다. 그 찰나를 사진으로 담는 작가가 있다. 균형은 잠시뿐이라는 것을 알기에 다만 사진으로 순간을 포착할 뿐이라고 한다. 우리가 굳건하길 바라는 '균형'은 쉽게 무너지고 깨지는 습성을 지녔다. 우리는 다양한 노력으로 그 관성을 잠시 거스르는 것뿐이다.

"공든 탑이 무너지랴"는 우리 옛 속담이 있다. 재밌는 건 "공든 탑노 개미구멍으로 무너진다."는 정반대의 속담도 있다. 아무리 공들여 쌓은 탑도 작은 실수로 와해하곤 한다는 것이다. 나는 우리 삶에서 후자의 경우를 경험하기가 더 쉽다고 느낀다. 우리는 어쩌다 보니 매일 공든 탑을 쌓고 있다. 아침마다 울리는 알림을 이기고 출근하는 것도, 치열하게 연애하며 디데이에 숫자를 더해가는 일도, 식욕과 싸움을 하며 운동을 가는 것도, 학생들에게는 학교와 학원이 모두 그런 존재다. 우리에게 공든 탑이란 일상일지도 모른다. 탑이 견고하고 높을수록 성공한 삶일까? 가끔은 왜 이렇게 치열하게 탑을 쌓겠다고 살아가는지 알다가도 모를 때가 있다. 다들 그렇게 살기 때문에 탑을 쌓고 있지 않으면 문제가 있는 것처럼 여겨진다.

  탑은 쌓을 때 의미 있는 걸까, 무너뜨릴 때 의미 있는 걸까. 교사로 현장에 있을 때 아이들의 놀이를 살펴볼 기회가 많았다. 아이들은 열심히 블록을 쌓아 올린다. 아주 높이 높이. 어른들이 매일 치열하게 하루하루 쌓아 올리는 것처럼. 우리는 탑이 무너질까 봐 조마조마하지만, 아이들은 그 과정을 즐긴다. 아슬아슬 흔들리는 것도 재밌고 와르르 무너질 때가 포인트다. 함성을 터뜨리며 정말 행복해한다. 블록을 쌓아 올리는 모습은 아이나 어른이나 똑같지만 목적이 완전히 다르다. 아이들은 무너뜨리기 위해 블록을 쌓는다. 아이들에게 블록은 완성하라고 있는 게 아니라 재미를 위해 있는 것이다.

  나도 긴 시간 공든 탑을 쌓았던 시절이 있다. 대학을 졸업하고 남들은 취업할 때 나는 노량진과 도서관으로 갔다. 날마다 치열하고 열심히 살았다. 결국 최종 시험에서 떨어지고 남은 건 세월밖에 없었다. 가장 예쁜 이십 대의 몇 해를 수험생으로 보냈다고 생각하니 너무 억울했다. 어떤 개미구멍이 탑을 무너뜨린 걸까 자책도 많이 했다. 지금에 와서 생각해 보니 분명한 목적 없이 탑 쌓기만 계속하고 있었다. 합격이라는 잠깐의 순간만 바랬을 뿐, 불균형의 시간을 안아주지 못했고 그 이후의 시간을 기대하지 않았다. 그렇다고 균형을 위한 노력을 멈추라는 것이 아니다. 아무리 노력해도 고무줄처럼 다시 돌아가려는 관성을 알고, 끊임없는 노력에 자부심을 느끼자는 것이다. 삶은 계속해서 불균형과 균형을 오가며 오르락내리락 곡선을 그려 나간다. 균형은 찰나지만 균형을 위해 나아갔던 과정은 긴 시간이고 오랜 정성이다. 공들여 탑을 쌓았던 과정을 지나쳐 버리기엔 땀 흘리며 노력했던 시간이 너무 아름답지 않은가. 우리는 균형보다 불균형의 시간과 더 오래 함께한다는 걸 잊지 않았으면 좋겠다. 사실 불균형도 그 자체로 개성 있는 아름다움을 가졌다. 불균형이 있기에 균형도 존재하는 것이다. 우리의 자연스러움도 날것 그대로 어여삐 여겨주길.

[제2부] 관계

어지를

시기

유치원에 근무하던 시절, 아이들이 제일 많이 하는 말은 "더 놀고 싶어요!"이고, 내가 제일 많이 하는 말은 "정리하자."였다. 50분 수업, 10분 쉬는 시간마다 종이 울리는 일반적인 학교와 다르게 유치원에는 따로 쉬는 시간이 없다. 유아 특성상 집중력이 짧기도 하고 아이들의 흥미와 상황에 따라 교사가 자율적으로 수업을 시작하고 마친다.

유치원에서는 자유 놀이 시간이 주어지는데 단언컨대 아이들은 이 시간을 가장 좋아한다. 자유 놀이 시간이 되면 아이들은 신이 나서 교실 교구장에 있는 교구들을 모조리 꺼낸다. 우리 교실에 저런 놀잇감이 있었나 싶을 정도로 구석구석에서 알차게 꺼내온다. 그리고 교실 바닥이며 책상에 사정없이 늘어놓는다. 우리 반에 18명의 아이가 있었으니, 18개의 손이 늘어놓는 속도와 범위는 눈 깜짝할 새다. 정리하는 습관을 길러주기 위해 먼저 꺼내 놓은 놀잇감을 정리하고 다음 놀이로 넘어가도록 했다. 하지만 정리하자는 내 입만 아프지, 또 다른 아이가 와서 꺼내는 과정을 반복하니 원점을 반복했다. 빠른 포기가 정신 건강에 좋을 때가 있다. 다른 영역과의 놀이 확장을 염두에 두면서 그냥 두었다. 대신 정리 시간에는 약속한 대로 함께 정리 노래를 부르며 모두가 정리하도록 했다. 내가 정리 노래를 피아노로 연주하면 아이들이 스스로 정리하기도 했고, 유튜브에서 신나는 정리 송을 찾아 틀어놓고 아이들과 함께 정리하기도 했다. 비타민 사탕으로 회유하거나 정리를 잘한 친구에게 왕관을 씌워주고 친구들 앞에서 칭찬하는 등 별별 방법을 다 썼다. 사실 이 과정이 매일 오전 오후로 2회 이상 이뤄지니 정리 강박을 가진 나로서는 매우 힘들었다. 그래도 자유 놀이 시간은 아이들이 가장 좋아하는 시간이니 스트레스를 받으면서도 포기할 수가 없었다.

어렸을 때부터 정리를 잘해야 한다는 말을 듣고 자라왔다. 정리된 방, 정리된 모습을 보았을 때 깔끔한 인상에 기분이 좋다. 사실 정리의 기본은 공간이 넓을수록 정리가 쉬운 것이 아니라 물건을 많이 두지 않는 것이다. 정리는 어른이 되어서도 여전히 힘들다. 바쁜 현실에 치여 내 방과 옷장, 침실을 정리하는 습관은 우선순위 밖으로 밀려나기 쉽다. 누구나 정돈된 것들을 좋아하겠지만 정리된 모습을 유지하기란 참 어렵다. 모든 게 완벽히 정리가 된다면 얼마나 삭막할까. 사람의 온기라곤 찾아보기 힘들 거다. 언제나 정리가 된 모습을 유지해야 하는 것만큼 숨 막히는 일도 없다. 정돈된 규칙을 깨지 않기 위해 사용하지 않는 영억민 늘어길 것이냐.

이전에 책방을 운영하셨던 분이 최근에 새로운 도전을 시작하면서 본인의 일상과 정보를 공유해주는 정기 레터 서비스를 운영한다. 나는 그분의 구독자로 매주 수요일마다 메일을 기다린다. 메일 속 주인공은 이런저런 도전하는 자신에게 지금은 '어지를 때'라고 표현했다. 그 문장에서 괜히 위로됐다. 아이들도 놀이하고 있을 땐 어질러야 한다. 마음껏 놀고 싶은 재료들을 꺼내어 책상 위에 올리고 바닥에 늘어놓아야 상상의 나래를 펼칠 수 있다. 그래도 약속한 정리 시간이 다가오면 언제 그랬냐는 듯 말끔히 제자리로 돌려놓는다. 다시 깨끗해진 자리를 보며 아이들은 교실이 환해져서 기분이 좋다고 말한다.

  퇴사하고 또 한 번의 갭이어를 맞이했다. 새로운 시작 앞에서 나 자신에게 지금은 어지를 때라고 말해주었다. 그러고 나니 지금 하는 도전들이 마음껏 어질러도 된다고 느껴져서 한결 마음이 가볍다. 사정없이 꺼내다 보면 정리 시간이 다가올 때 힘들긴 하겠지만 지금 어지르면서 행복하게 놀이했다면 그 자체로 충분하다. 너무 어지러워서 정리가 막막하다면 가령 이사하는 것처럼 정리할 수밖에 없는 상황을 만드는 것도 도움이 된다. 과감히 변화를 주면 우리는 자연스럽게 변화에 몸을 맡긴다.

  어지른 방이 눈에 들어오지 않을 때는 무언가 열심히 탐색 중인 것이다. 어느 순간 너무 어지른 방을 정리하고 싶어지면 마침 정리를 해야 할 때이다. 어떤 시기와 결정은 정해진 게 없다. 내가 그 삶에 무엇이라 이름 붙이는지가 중요하다.

날것

을

사랑

　　　하기

청첩장 모임과 브라이덜 샤워Bridal Shower와 결혼식과 집들이의 순환기가 시작됐다. 올해 유난히 많은 친구가 유부녀의 길로 들어섰다. 앞자리가 바뀌는 게 부담이었던 걸까. 서른이 되니까 인생의 큰 결정을 과감히 해버리곤 하는 것 같다. 사실 나이가 뭐라고, 중요한 건 준비된 나 자신인데.

　　　나는 아직 내 날것을 전부 보여줄 사람을 만나지 못했다. 아니, 내가 누군가의 날것을 받아들일 준비가 안 됐다는 게 정확하겠다. 나는 상대방의 날것을 받아들일 수 있나? 쪼잔하고 비열하고 무례하고 욕심

많은, 자신도 별로라고 느끼는 그런 모습까지 전부. 서로의 못난 모습까지도 함께 보듬고 끌어안으며 갈 수 있을까? 그런 좋은 관계가 정말 있을까? 이런 생각들을 하니 그동안 내가 도망치듯 먼저 손을 놓았던 것이 부끄러웠다. 나는 상대의 날것을 품을 생각조차 못 했다. 반대로 다행이기도 하다. 누군가를 품을 수 없는 내가 누군가를 선택하지 않았다는 사실 말이다. 사랑한다는 말의 동의어는 '수용'이다. 부족한 모습을 인정하고 받아들이는 것이 진짜 사랑이었다는 것을 이제야 조금씩 깨닫는다. 나보다 상대방을 더 사랑할 수 있는 것은 날것을 다 보여주고도 괜찮은 것이며 그마저도 사랑하는 것이지 않을까 생각했다. 어떤 어려움이 와도 서로를 신뢰하는 마음으로 맞잡은 손을 놓지 않는 사람. 포기 하지 않는 마음은 날것에서 비롯된다고 믿는다.

    나는 내 날것을 줄곧 미워했다. 못난 모습을 보이는 건 부끄러운 일이라고 생각했다. 나는 아토피라는 고질적인 질병이 있다. 진단서가 나오지 않을 만큼 기약 없는 질환이다. 어릴 때부터 아토피로 고통받았고 성장과 함께 어느 정도 호전됐다가 최근에 얼굴 쪽으로 다시 발현됐다. 여전히 꾸준한 치료 중이지만 글쎄, 더 나아지는 건 없다. 단지 심한 정도의 주기가 파도처럼 왔다 갔다 할 뿐이다. 이젠 거울 속에 벌건 내 얼굴을 봐도 받아들이기로 했다. 또 심해지는 시기가 찾아왔구나. 보습을 더 해줘야 하나, 스테로이드를 발라줘야 하나, 면역억제제를 투여 해야 하나, 내 몸이 원하는 대로 해주자고 마음먹는다. 우린 평생을 이렇게 같이 가야 하는 존재인 걸 인정하고 나니까 마음이 한결 낫다. 이렇게 결심하기까지 정말 쉽지 않았다. 지난해 아토피가 얼굴에 집중되어 빨간 가면이 되었을 때, 거울 보는 것 자체가 힘들었다. 얼굴이다 보니 스트레스가 극심했고 결국 우울감까지 찾아왔다. 스스로를 힘들게 했다. 바닥을 쳤던 내 모습을 또다시 마주하고 싶지 않다. 그래서 선택한 방법은 '수용하기'다. 가끔 빨간 가면을 쓰기도 하고 주변의 걱정스러운 시선도 받지만 이런 내 얼굴을 내가 사랑해 주는 것이다.

    행복한 사람들을 보면 공통점이 있다. 그들은 불편함을 잘 받아들인다. 감정의 불편함이든 신체적 불편함이든 개인의 문제든 환경의 문제든 무엇이든 미간을 좁히기보다 입꼬리를 올린다. 불편한 상황을 받아들이는 자세가 수용적이다. 무조건적인 수용은 아니고 나름의 기준을 세우고 그 안에서 인정하는 것이다. 바뀔 수 없는 부분에 대해 빠르게 인정하고 개선할 부분을 찾는다.

전 작품 책날개 귀퉁이에다 '풀 같은 사람'이고 싶다고 적었다. 바람에 따라 허리를 굽히는 풀처럼 수용적이고 유연한 마음을 갖는 것, 나의 소망이다. 나는 부족함이 많다. 자각하는 불편함을 인정하고 받아들이려고 부단히 노력한다. 내가 나를 인정하기 시작하면서 타인의 날것도 점점 받아들이게 된다. 우린 모두 불완전하다. 상대방의 날것을 사랑하려면 우선 나의 날것을 사랑해야 한다. 내 못난 모습도 나의 일부다. 나의 약함도 어쩔 수 없이 내 몫이다. 있는 모습 그대로 인정하다 보면 저절로 주변에 도움을 요청하게 된다. 도움을 요청할 때 당신을 향한 도움의 손길이 분명 기다리고 있을 거다.

맨발

　　걷기

'어싱Earting'이란 단어를 처음 접했다. 환경에 관심이 많은 나는, 쉬는 기간 동안 ESG 살아보기 캠프를 신청했다. 숲 해설가 선생님은 우리를 전나무 아래에 세워두고 맨발 체험의 장점에 대해 나열했다. 우리의 몸에는 약하게 양전하positive electric charge가 흐르는데 음전하negative electric charge인 땅과 만나게 되면 중성자neutron가 되어 혈액 순환을 돕는댔다. 다양한 병을 예방하는 만병통치는 아니랬지만 선생님의 말씀을 들으면 들을수록 만병통치 같았다. 특히 아토피 피부염으로 고생하고 있는 내겐 무척 솔깃한 말이었다.

하얀 발을 꺼내본 건 제주 이후로 처음이었다. 제주에서 뜨끈하게 데워진 현무암 화로 위에 맨발로 캠프파이어를 즐겼던 적이 있다. 차가운 공기와 뜨끈한 돌이 주는 기분 좋은 촉감을 잊을 수 없다. 그날을 떠올리며 이번엔 망설임 없이 신나게 양말을 벗었다. 운동화 속에 양말을 구겨 넣고 신발을 한 손에 들었다. 뾰족한 것들만 조심하면 바닥은 대부분 안전했다. 흙의 감촉이 이렇게 부드럽고 시원한 줄 몰랐다. 돌멩이가 고르지 않은 바닥도 내가 누르는 만큼 울퉁불퉁한 표면을 그대로 전달해 주어 재밌었다. 차가운 맨땅을 발바닥과 부딪히면서 땅의 기운을 온몸으로 받아들였다. 날것의 발로 걸어보니 내가 어떤 깊이로 바닥을 누르며 걷는지, 발밑의 촉감과 온도가 어떤지, 심지어 내 발가락의 모양과 발의 모습도 제대로 알 수 있었다. 신발을 신고 걸을 땐 발밑에 밟고 있는 땅이 흙과 모래인지 아스팔트인지 크게 중요하지 않았다. 땅을 쳐다볼 일도 없이 과감히 발을 내디뎠다. 그런데 맨발이 되고 나니 피부에 닿는 촉감부터 모든 게 살아났다. 피부에 직접 닿다 보니 발길마다 조심스러웠다.

날것은 맨 안쪽에 있는 속살을 드러내 보이

는 것과 같다. 날것을 감싸고 있던 껍데기가 벗겨졌을 때 차가움과 따가움, 거친 표면을 맞대고 다양한 속성을 분출한다. 우리가 경험하는 것들은 대부분 안전한 껍데기의 보호 안에서 이뤄진다. 그동안 경험의 절반만 가져가고 있었는지도 모른다. 때론 안전함 속에서 무뎌진 나를 꺼내고 싶은 순간이 온다면, 맨발을 꺼내보는 건 어떨까. 속살의 감각을 느껴볼 수 있는 좋은 기회가 될 것이다. 낯선 감각에서 나의 진심을 알아챌 수도 있으니까.

재작년, 우연한 계기로 참여한 플로깅 봉사에서 도심과 바다 쓰레기를 주워본 경험이 나의 행동을 하나씩 바꿔놓고 있다. 전에는 여행 중에 바다를 거닐나 쓰레기가 보이면 눈살을 찌푸리며 지나갔는데, 이젠 보이는 쓰레기를 줍는다. 그리고 욕실용품을 액체에서 고체인 비누 형태로 하나씩 바꿔 가는 중이다.

자연 풍화된 플라스틱이 새로운 돌의 형태를 한 것에 위기의식을 느끼고 일명 뉴락New-rock을 수집해 전시하는 작가가 있다. 강한나 작가는 환경 강연에서 우리가 정말 환경과 지구를 보호할 수 있는 입장이냐는 의문을 던졌다. 보호한다는 것은 보호할 만한 능력이 있는 존재가 마땅히 보호받아야 할 존재를 보살

피고 지키는 것을 의미한다. 인간은 자연의 위대함 앞에서 한없이 작고 무능한 존재인데 우리가 자연을 보호한다는 것이 사실상 가능한 일일까. 물론 이런 의문은 계속되고 개인으로선 턱 없이 부족하겠지만 우리의 작은 움직임이 어떤 나비효과로 나타날지 모른다. 여러 사람이 힘을 합치고 온 국민과 전 세계가 노력하면 분명 보탬이 될 것이다. 이마저도 지구엔 귀여운 도움이겠지만, 다음 세대에게 조금이라도 나은 지구 환경을 유산으로 물려주기 위해 작은 마음이라도 더해야 한다. 맨발로 땅을 밟고 바다에 뛰어들고 푸른 산을 오래도록 보고 싶다. 나의 감각이 무뎌지지 않도록 자꾸만 속살을 꺼내보련다.

상처
가

아물기

까지

한글날 아침, 휴일의 단잠을 늘어지게 즐기고 느지막이 일어나 게으른 아침 식사를 했다. 식후에 잠깐 통화를 한다고 엄마가 자릴 비운 사이, 식탁 위 까다 만 밤 껍질에 눈길이 갔다. 평소엔 잘 깎지 않는 과도로 밤 몇 개를 맛있게 까먹고 있던 차에 비명을 질렀다. 새빨간 피가 뚝뚝 흘렀다. 상처는 생각보다 깊었다. 집에 있는 구급상자를 열어 붕대로 칭칭 감싸고 심장보다 위로 올려 지혈했다. 30분, 40분이 흘러도 멈출 기미가 안 보였다. 손가락에 심장이라도 달린 듯 두근댔다.

평소라면 간단한 처치로 끝났을 텐데 피가 멈출 기미가 없자 걱정이 됐다. 집 근처 정형외과로 달려갔다. 하필 공휴일이라 문 열지 않는 곳이 더 많았는데 다행히 근거리에 여는 곳이 있었다. 베인 곳을 열자, 상피上皮는 너덜너덜 열려 있었고 피범벅이 된 붕대가 딱 달라붙었다. 한 시간쯤 지나니 드디어 피가 멈췄다. 의사는 꿰매지 않으면 상처가 더디게 낫고 흉터가 남을 수 있다고 경고했다. 그래도 꿰매는 건 무서워서 파상풍 주사와 간단한 처치만 받고 귀가했다. 병원에선 이틀에 한 번꼴로 소독해주라고 했지만 씻다 보면 물이 들어가서 매일 소독을 해주고 벌어진 상처를 모아주는 씰을 붙였다. 그렇게 3주를 애쓰며 관리했는데도 상처는 붙을 기미가 없었다. 역시 초기에 꿰맸어야 했나 후회도 됐다. 가끔 밴드 속으로 물이 많이 들어가 그대로 퉁퉁 불어서 오히려 덧나는 것 같았다. 4주 차에 접어들자, 속 피부는 붙었고 겉 피부만 벌어진 듯하여 과감하게 밴드를 떼버렸다. 공기가 닿고 건조해지자 겉 피부에서 떨어져 나갈 부분은 떨어져 나가고 반들반들 해졌다. 완전히 살이 차오른 건 아니지만 훨씬 회복 속도가 좋았다. 살이 얇아서 스치면 깜짝깜짝 놀라긴 하지만 이것도 무뎌질 것이다. 무뎌진 자리엔 역시 흉터가 남았다.

　　　　우리 몸을 자세히 들여다보면 크고 작은 흉을 하나씩 가지고 산다. 상처가 나고 피가 나고 딱지가 얹고 그 위에 흉터를 남기는 자연스러운 과정이 꼭 우리가 만나는 수많은 관계 같다. 관계는 서로에게 가까울수록 염증을 만든다. 솔직하다 못해 생채기를 낸다. 곪고 터지고 아물고를 반복하며 오랜 시간을 앓다가 결국 흉을 남긴다. 바로 꿰매버릴 수 있다면 좋겠지만 미련하게도 더디게 간다.

　　　　전에는 상처가 많을수록 사랑 많은 사람이라는 게 듣기 싫었다. 내 마음만 다치는 것 같아 억울했다. 이상하게도 깊은 흉터가 남은 만큼 깊이 사랑하고 너그러이 이해할 수 있었다. 다시는 흉터를 만들지 않기 위해 그런 것인지 흉터를 보며 마음을 다잡은 것인지 헷갈린다. 들끓는 마음을 단련하기엔 상처도 염증도 필요하다는 걸 이제는 어렴풋이 알겠다. 차라리 흉이 남았다면 상처가 아물었다는 증거다. 오랜 싸움을 이젠 놓아줘도 괜찮다는 신호다. 우리가 흉터를 아쉬워하면서도 하는 수 없이 갖고 살아가듯이 관계들에 상처 입고 아물고 지나간 자리도 쓰다듬으며 품고 갈 수 있다. 당신도 사랑 많은 사람이라.

모두

가

집에

돌아갔을
　　　　　때

어떤 모임이든 불러주면 거절하지 않고 나가는 사람을 '프로참석러'라고 한다. 나도 사실 거절하지 못해 생긴 약속이 꽤 있었다. 대학 땐 여행도 열심히 다녔지만, 우연히 새로운 사람들을 사귀고는 사석에서 만났다. 그렇게 매주 한 개 이상 지인과의 약속으로 가득 찼고 사람들을 만나고 먹고 마시는 그 시간이 스스로 인간관계를 잘하는 것이라 착각했다.

　　　사람을 덜 만나기 시작한 건 20대 후반이었다. 동네에서 같이 놀곤 했던 친구들도 하나둘 직장생

활과 연애를 시작하면서 스케줄을 맞추기가 힘들어졌다. 나도 무언가 바빠지기 시작했고 띄엄띄엄 사람들을 만났다. 어느 순간 같은 모임을 나가면 우리가 먹는 음식부터 카페에서 펼쳐 놓는 이야기들이 시시콜콜하게 반복된다는 걸 깨달았다. 과거의 추억을 되풀이하다가 '지금도 똑같다'로 끝나는 이야기였다. 추억을 업데이트할 만한 일들을 우리가 만들어야 하는데 매번 모여서 밥을 먹고 떠드는 것뿐이니 새로운 이야깃거리가 나올 리 만무하다. 그래서 새로운 추억을 만들어 보자고 여행과 파티도 계획해 보지만 이런저런 핑계들로 시간을 맞추기란 쉽지 않다.

　　모임이 끝난 뒤에, 집에 돌아와서 오늘 만남을 가만히 상기해 보면 기분 좋은 대화가 남은 시간도 있지만 허탈한 경우도 있었다. 대부분이 소비만 하다가 끝난 관계였다. 특히 여러 명이 모인 자리는 더더욱 그렇다. 분명 그 모임에 있는 한 두 사람을 만나면 서로를 깊이 알아갈 수 있는데 4명 이상의 모임은 겉도는 이야기로 끝나는 경우가 많다. 좋은 관계를 만들어 간다는 건 우리가 지난 모임보다 얼마나 관계를 쌓아가느냐의 문제다. 내가 정말 좋은 관계를 쌓아가고 있는지 확인해 보고 싶다면 모임 후에 남는 잔상을 떠올려 보라. 그것이 조금이라도 인상 깊었다면 그 관계는 이어가도 좋을 것이고 무언가 마음이 내키지 않고 피곤하기만 하다면 관계를 정리해도 괜찮다.

      나는 같은 중학교를 나온 친구들과 만날 때 가장 즐겁다. 중2병을 함께 보낸 친구들인데, 대부분 공부를 잘하는 친구들이라 평소에도 공부를 열심히 했지만, 놀 때는 누구보다 유치하고 재밌게 놀았다. 그 당시 종이 편지지를 직접 오리고 접어서 손 편지를 주고받는 것이 유행이었는데, 편지지에 서로의 캐릭터를 그려주고 별명을 붙여가면서 시답지 않은 얘기들을 매일 주고받았다. 점심시간마다 우르르 몰려다니며 쉬지 않고 얘기했다. 뭐가 그렇게 재밌었는지 눈만 마주치면 웃었다. 우리끼리 미니홈피를 만들어서 엽기사진을 올리고 댓글을 달고 키득거렸던 날들이 있다. 지금은 각자의 삶으로 조금은 멀리 흩어져 있지만 꾸준히 자주 보고 있다. 이 친구들과 만났을 때 중학생 시절처럼 바보 같은 모습들이 나와서 좋다. 서로를 놀리고 재밌는 얘길 빠짐없이 나열하는 건 그때나 비슷하지만 여전히 서로를 향한 응원이 진심으로 느껴진다. 날것의 모습 그대로여도 괜찮은 친구들이 있다는 게 무척 감사하다.

학창 시절 교우관계는 같은 반, 같은 학원, 같은 동네처럼 환경이 정해놓은 그룹 안에서 제한적으로 관계를 쌓게 된다. 그러다 보니 내가 진짜 이 친구와 잘 맞는지 아닌지도 모르면서 추억을 모을 때가 많다. 하지만 특수한 상황이기 때문에 서로를 더욱 의지하게 되기도 한다. 성인이 된 이후로 대학을 벗어나 내가 선택한 관계들을 떠올려보니 꽤 공통점 많은 사람과 관계 맺고 있었다. 취미가 같거나 취향이 같거나 관심사가 같은 사람들. 그렇게 나의 결을 찾아가고 취향을 알면서 자연스럽게 편안한 관계들만 남게 된다.

도서관에서 인간관계 책만 뒤져보며 나를 좋아하는 사람을 늘려가는 일에 급급했던 어린 시절이 떠오른다. 그때는 인기 있는 사람이 왜 그렇게 커 보였는지 모르겠다. 내가 스스로 나를 좋아할 만한 구석을 찾는 일이 중요하다. 내가 나를 존중하고 사랑할 수 있을 때 주변에 하나둘 따르는 사람이 늘어난다. 그리고 사실 늘어나지 않더라도 괜찮다. 시간이 지나면서 인간관계가 좁아지는 대신 깊어지는, 그 황홀한 기분을 느끼는 중이다. 문요한 작가의 『관계를 읽는 시간』에서는 자신의 바운더리를 잘 세워야 한다고 말한다. 너무 친밀한 관계보다 건강한 거리를 두는 것이 나와 상대방을 건설적으로 세워가는 일이다. 오랜만에 연락한 친구도 몇 년 만에 얼굴을 봐도 어제 본 듯 반갑고 마음이 가는 것은 서로의 건강한 거리가 적당했기 때문이다. 지금 생각나는 친구가 있다면 살짝 연락을 남겨보길, 아마 기쁘게 답을 줄 것이다.

계단
의

　　뒷면

우리는 평생 타인만 볼 수 있고 자기 얼굴을 똑바로 볼 수 없다. 거울이나 사진을 통해 보는 모습은 반사된 모습일 뿐이다. 심지어 눈은 얼굴 앞에만 달려있어서 두 눈으로는 내 앞모습만 볼 수 있으며 고개를 최대한 돌리고 안간힘을 써도 뒷모습을 완전히 볼 수 없다. 이렇게 연약한 인간이라서 조용히 누군가의 등 뒤를 바라보는 것이 좋다. 그가 볼 수 없는 부분을 내가 대신 봐주는 마음으로.

        나희덕 산문집 『한 걸음씩 걸어서 거기 도착

하려네』 중 「뒷모습을 가졌다는 것」을 읽고 문장이 너무 좋아서 되돌아가 몇 번을 곱씹으며 읽었던 적이 있다. 우리는 연약한 등을 가졌기 때문에 그나마 정직과 겸손을 가질 수 있다고 저자는 말한다. 삶이 완전하지 않은 이유는 서로의 등을 밀어주는 것처럼 연약한 서로를 보듬으며 가야 하기 때문일 것이다.

  타인의 뒷모습을 생각하는 일은 그리 오래되지 않았다. 괜히 버스 맨 뒷자리를 차지하고 누군가의 뒤통수와 앉은 모습을 바라보면서 낯선 이의 진심을 상상해 본다. 그의 뒷모습에서 환희와 안도를 읽어내기도 하고, 때론 피곤과 외로움을 짐작하기도 한다. 남의 뒷모습을 바라보며 그를 조용히 응원하듯, 누군가 읽어줄 내 뒷모습에서 어떤 것을 남길지 가만히 떠올린다. 많은 사람이 오고 가는 공원이나 한강 둔치, 모래사장에 친구, 가족, 연인과 다정히 앉아있는 두세 사람의 뒤편에서 멀찍이 바라보는 걸 좋아한다. 그들의 뒷모습은 한없이 사랑으로 넘친다. 공간을 아름답게 하는 것은 누군가의 뒷모습 때문일 것이다.

  대화 중에 화장실을 다녀오던 친구가 가끔 기다리는 내 뒷모습을 사진으로 찍어 보여줄 때가 있다. 사진에는 그 사람의 시선이 담겨 있다. 어떤 눈으로 나를 바라보는지 느껴져서 왠지 마음이 뭉클하다. 누군가의 뒷모습을 따스한 시선으로 바라본다는 건 정말 큰 관심이고 사랑이다.

　　　　사물을 대할 때도 똑같다. 컵의 바닥, 의자 바닥면反射面, 계단의 뒷면… 우리는 사물의 뒷면을 소홀히 한다. 사실 쓸모와 관련된 문제다. 물체를 담거나 앉고 지탱하기 위한 역할을 다한다면 어떤 바닥면을 가졌는지는 크게 중요하지 않다. 그래서 보이지 않는 그곳을 대하는 마음이 더욱 소중하다.

　　　　어느 북디자이너의 추천으로 『일본의 아름다운 계단 40』을 읽게 됐다. 작가의 시선에서 계단의 디자인부터 계단을 구성하고 있는 난간, 벽면, 금속장식, 바닥면과 계단 뒷면까지 세세하게 소개한다. 요즘 보기 드문 곡선 디자인의 나선계단winding stairs이 첫 페이지부터 등장한다. 좁은 공간에서 효율적 배치를 위해 고안된 계단이다. 높이와 길이가 똑같이 반복되는 직선의 바닥면과 뱅글뱅글 곡선의 배치, 이 둘의 조화는 정말 아름답다. 저자에 의하면 계단을 바라보는 가장 좋은 위치는 계단 뒤편을 올려다보는 것이라고 한다. 장인의 의도가 뒷면까지 섬세하게 디자인되었을 때 만든이를 우러러보게 된다. 가구처럼 나뭇결을 살려 손질해 둔 뒷면도 있고 투톤 구조로 화려하게 치장한 뒷면, 단정하고 평평하기도 하고 계단 앞면처럼 뾰족하기도 하다. 가끔은 깜짝 주인공처럼 번쩍 등장하기도 하고 때론 다른 포인트 디자인을 돋보이도록 돕는 조연출이 되기도 한다. 기능적인 연결뿐만 아니라 때에 따라 제 역할을 하는 게 정말 매력적이다.

      이십 대가 되고 진짜 어른의 삶이 시작된다는 기대감이 있었다. 그러나 어른이 된다는 건 노력 없이 얻는 나이 같은 게 아니었다. 계단을 밟고 곧장 위층으로 올라가는 게 아니었다. 서른은 마치 이십 대를 뒤집어 계단의 뒷면을 다시 밟아보는 느낌이다. 스물의 내가 천방지축으로 뛰어다니다가 계단의 어느 발판이 불쑥 튀어나오거나 깨져서 보수가 필요한 부분은 없는지 장인의 마음으로 하나씩 두드려 보는 것이었다.

      나이가 들수록 타인을 의식하기보다 본질적인 나를 찾으려 노력하게 되는 것 같다. 누가 뭐래도 내가 좋은 게 좋다고 여기고 자신의 가치관을 견고하게 갖춰간다. 얄팍한 경험을 내세워 자신이 옳다고 주장하는 날들이 늘어간다. 점점 선명하게 나를 알아가는 것은 좋지만 자신을 어떤 틀 안에 가두는 것은 아닌지 고민스러웠다. 나에게만 집중하다 보니 주변을 돌아보는 일에 소홀했다. 새삼스럽지만 진짜 어른이 뭘까 깊은 고민에 빠졌다. 모야 샤너『어른 이후의 어른』에서는 정신분석학적 입장에서 어린아이 같은 면모를 즐기는 것을 어른이라고 정의했다. 어린이들과 함께 지냈던 지난 시간을 떠올려봤다. 아이들은 눈앞에 있는 기쁨을 그대로 받아들였다. 하늘에서 소복이 눈 내리는 풍경을 창문 너머로 지켜 보고는 방방 뛰며 좋아하던 모습을 잊을 수가 없다. 집에 돌아갈 때 길이 얼까 봐 걱정하는 나와 달리 아이들은 마냥 즐거워했다. 아이 같은 마음으로 세상을 바라볼 수 있는 것, 때 묻지 않은 순수한 눈을 갖는 일이 갈수록 점점 더 어렵게 느껴지지만 세상이 팍팍할수록 의식적으로 어린이가 되어야 함을 느낀다. 그래야 이 불확실함을 견딜 수 있다.

  이젠 아이같은 호기심과 궁금증을 가지고 사물의 뒷면에 관심을 둔다. 만든이의 진심은 왠지 뒤편에 있을 것 같다는 설렘 때문이다. 드러나는 부분이 아닌 계단의 뒷면까지도 섬세하게 디자인해 내는 장인의 손길을 떠올리며 나도 책을 만들 때 뒷면과 마지막 페이지를 신경 쓰는 편이다. 혹여나 아무도 뒷면을 봐

주지 않는다 하더라도 내 손길이 닿은 구석을 내가 알아주면 그만이다. 책에 대한 숭고함과 나의 진심을 묵묵히 거기에 담는다.

　　　　책방에 가면 책은 언제나 앞을 보여주거나 등을 보여주고 있다. 책의 얼굴이라고 하는 표지는 전체적인 첫인상을 나타내므로 중요하다. 그래도 나는 책의 뒷면을 전부 보여주고 싶다. 뒷면에 책을 소개하는 인사말이 문득 마음에 닿기도 하고, 앞표지와 연결되어 호기심 퍼즐이 맞춰지는 듯한 뒷면 이미지를 발견하면 기분이 상쾌하다. 그리고 중요한 가격. 가격표도 책 뒷면에 적혀있다. 책의 값을 수치로 나타냈지만 한 권이 만들어지기까지의 과정을 꾹꾹 눌러 담은 숫자다. 재밌는 것은 옷이나 물건 등 대부분의 상품은 가격표를 스티커나 택에 따로 부착한다. 구매하면 그것을 완전히 제거해 버린다. 명품은 어디에도 가격이 써있지 않지만, 가치를 알아주지 않는가. 그러나 책은 가격까지 인쇄해서 영영 책에 새겨버린다. 책값도 택으로 되어있다면 텍을 떼버리는 순간, 활자의 가치를 잊을 것 같기 때문이 아닐까. 책의 진심은 어쩌면 정말로 뒷면에 있는지 모른다. 언젠가는 책도 명품처럼 여겨질 날이 오면 좋겠다. 값으로 매겨지기 전에 그 고요한 진심을 누군가는 알아주면 좋겠다.

[제3부] 태도

노출

　　　콘크리트

제주 서귀포시에 위치한 본태박물관bonte museum은 이름 그대로 본태本態: '본래의 모습'을 의미한다. 프리츠커상(1995)을 수상한 건축가 안도 다다오Tadao Ando가 노출 콘크리트exposed mass concrete 방식을 중심으로 빛과 물의 조화를 활용해 자연경관과 어우러지는 아름다운 건축물을 완성했다. 신의 영역인 자연과 인간의 손으로 만든 건축물이 한 폭의 그림처럼 오묘하게 어우러진다는 게 감명 깊다. 무엇보다 자연스러움을 추구하는 노출 콘크리트 방식을 선택한 점이 탁월했다.

노출 콘크리트 방식은 별도의 마감재를 시공하지 않고 콘크리트의 물성을 그대로 드러나게 하는 마감을 의미한다. 본래 그대로 날것을 드러낸 건축 방식은 콘크리트를 부었던 흔적부터 타일을 칠한 결까지 낱낱이 드러난다. 안도는 콘크리트를 완전히 드러내 보임으로써 자연 그대로를 받아들이고 건축 표현의 자유를 찾아냈다. 특히 카페와 갤러리 등의 건물에서 회색빛의 노출 콘크리트 방식으로 디자인된 것을 보면 중후하고 세련된 분위기를 자아낸다. 요즘은 어디를 가나 흔히 볼 수 있는 인기 있는 건축 방식이다. 본태박물관을 다녀온 이후로 노출 콘크리트 건축물을 볼 때마다 괜히 반가움이 앞선다.

    노출 콘크리트의 장점은 완성된 거푸집에 콘크리트를 부어 굳히는 시공의 편리함도 있지만 구조재가 곧 마감재가 되어 다양한 연출을 꾀할 수 있는 점이다. 콘크리트의 특유한 잿빛을 그대로 보여주는 게 디자인의 완성이 될 수 있고, 거기에 다양한 결의 송판, 외벽, 콘, 줄무늬 등의 질감을 찍어 넣을 수도 있다. 색을 배합해서 넣으면 콘크리트와 어우러져 새로운 분위기를 연출할 수 있다. 특별한 마감을 하지 않았기 때문에 다양한 마감이 가능하다.

날것은 아무 것도 덧대지 않은 그대로의 모습이다. 날것의 건축물이 이렇게 대우받는 날이 올 거라고 감히 상상했을까. 다양한 가능성을 열어둘 수 있는 건 아직 마감을 하지 않았기 때문이다. 책을 만들 때도 언제가 가장 행복하냐 하면, 글을 마음대로 썼다 지웠다 할 수 있는 지금이다. 인쇄 일정을 잡고 최종 파일을 인쇄소에 넘겨줘야 하는 마감 날짜가 다가오면 초조와 불안, 압박감에 밥도 안 넘어가고 며칠 밤을 새우기도 한다. 마감한 이후에 보이는 사소한 오타와 아쉬운 디자인도 더 이상 손을 댈 수 없다. 넘기기 직전까지 글이 닳는지 눈이 닳는지 모르게 교정을 또 보고 또 본다. 끝내 마음에 흡족하지 않아도 정해진 날짜에 파일을 넘긴다. 그런데 생은 마감하는 날을 알지 못한다. 이건 정말 행운이다. 다가오는 죽음을 잊어버린 채 당연히 내일을 계획한다. 주어진 하루하루에 집중하며 즐겁게 살아도 된다. 완벽한 죽음이란 건 없기 때문에 그래도 된다.

　　　노출 콘크리트와 우리가 어쩐지 닮은 점이 있다. 구조재인 동시에 마감재라는 것. 이 사실을 알면 어떤 무늬를 찍을까 무한히 고민해도 된다. 마감한 줄 알았는데 그 위에 덧칠할 수 있고 드러나 있으니, 보수

공사도 수월하다. 우리가 생각하는 많은 불안과 걱정은 끝을 생각하기 때문이다. 끝은 분명히 온다. 그리고 너무 중요하다. 하지만 끝에 시선을 두면 매일의 작은 행복감을 놓치게 된다. 얼마든지 다양한 무늬를 찍어봐도 괜찮은데 앞서 많은 것들을 생각한다. 괜찮다는 말에 확신할 수 없을 땐 그냥 두 눈을 꼭 감고 번지점프 하듯 뛰어들어 보자. 생각보다 별일은 일어나지 않는다.

오래

　　　　　　살아

　　　　　　　　남기

평화주의자인 나는 경쟁 구도를 불편해한다. 그래서 승패가 있는 게임을 싫어한다. 일등의 자리는 한 자리뿐이다. 동점을 가진 두 명이 될 수도 있겠지만 아무래도 공식적으론 한 자리다. 누군가 점수를 따면 누군가는 점수를 내주고 동시에 희비가 엇갈리게 된다. 그런데 모순되게도 나는 승리욕이 있다. 그것도 아주 많다. 욕심은 있어서 뭐든 주어진 상황에서 최선을 다한다. 그러나 아무리 해도 일등을 할 수 없다면 일찌감치 포기하고 잘하는 사람에게 힘을 싣는다. 이것이야말로 승리욕이 강한 것 아니겠는가.

최근에 넷플릭스 예능 프로그램인 〈데블스 플랜〉을 봤다. 명석한 사람들을 모아두고 벌어지는 두뇌 서바이벌 게임이다. 라운드마다 성공 여부에 따라 칩을 획득하는데, 칩이 떨어지면 탈락하게 되고 성적이 부진한 둘은 감옥에 간다. 감옥은 시간을 박탈하는 공간이다. 승리자는 능력에 따라 칩을 획득하고 상금은 공동으로 누적해 가며 최후의 1인이 누적 상금을 가져가는 방식이다. 재밌는 건 게임을 마칠 때마다 그 사람의 참모습이 드러난다는 것이다. 전략을 짜고 팀을 매수하고 서로를 믿지 못해 갈팡질팡하고 심지어 배신하는 모습도 나온다. 매 라운드 탈락자는 울며 집으로 떠나고 남은 자들은 미안함과 서운함에 서로를 부둥켜안는다. 물론 우리는 사회적 동물이라서 경쟁으로 희생된 누군가에 대한 미안함도 있겠지만 더 앞선 마음은 이기고 싶어서 했던 행동이다. 진짜 날것의 모습.

마지막 결승전에서 칩이 가장 많은 두 사람이 상금을 놓고 배팅하는데 너무 긴장한 나머지 한 사람은 화장실에 가서 속을 게운다. 스트레스로 인해 참여자들은 머리가 아프다고 호소하며 극도의 긴장 상황에서 게임을 이어간다. 엄청난 스트레스를 감수하면서도 게임을 하는 건 그만큼 이기고 싶다는 열망과 그에 따른 여러 보상이 그들을 강하게 지배하기 때문이다. 본격적인 게임을 앞두고 한 사람씩 속마음을 인터뷰하는 장면에서 전부 여기까지 왔는데 이기고 싶다고 했다.

　　게임의 상황에서 우리는 서로를 믿고 함께 가기보다 자신의 생존과 이기심이 발현될 수밖에 없다. 그것이 승부의 세계다. 삶을 살아가는 것도 이와 같다. 우리는 언제나 평화와 협동심을 요구하지만, 불편한 진실은 자신의 밥그릇이 먼저 충족된 이후의 이야기다. 아이들도 두 손에 과자가 들려 있어야 한 개를 친구에게 나눠줄 수 있듯이 이기심은 인간의 본성이다. 울음으로 세상에 왔을 때부터 우리는 살아남기 위해서 악을 쓰고 떼를 써야 한다는 걸 내재하고 태어났다. 어쩔 수 없다. 누군가를 비난할 수도 없다. 당신도 똑같기 때문에.

　　서바이벌 프로그램이지만 인상 깊은 장면이 있었는데, 방송인 박경림 씨의 행동이었다. 첫 라운드에서 바로 감옥에 들어가는데 "엎어진 김에 꽃 본다."는 긍정적인 행동과 말로 같이 수감된 사람까지 북돋

아 준다. 공갈빵과 우유를 나눠주는 간단한 식사에도 끊임없이 감사하고 기내식 먹는 것 같지 않으냐는 농담을 던진다. 기내 상황이라면 이런 침대 좌석은 퍼스트 클래스라며 웃어넘긴다. 주어진 상황에서 최대한 긍정적인 방향으로 말과 행동을 하면 같은 상황이더라도 괜히 기분이 좋아진다. 여전히 언제 탈락해서 집에 돌아가야 할지 모르는 상황임은 변함없다. 상황이 좋지 않을 때, 심지어 분노와 짜증이 섞인 순간에서도 웃음을 잃지 않는 능력은 실로 대단하다.

　　우리의 현실도 무한 경쟁 속에 승리감과 패배감을 맛보게 한다. 경쟁 구도는 피라미드 형태이기에 승리감보다는 주로 패배감을 느끼는 편이겠지만 최후 승리자는 가장 오래 살아남은 자다. 생존Survival이라는 뜻의 영어 단어를 찾아보면, '살아남다.'는 의미 외에도 '(~보다 더) 오래 살다.'라는 의미를 가졌다. 물론 게임의 상황은 제한 시간이 있지만 생生의 끝은 누구도 알 수 없다. 현실에서 오래 버티려면 가끔 참았던 숨을 뱉으러 뭍으로 올라가야 한다. 현실에 대한 감각을 유지하며 긍정적인 말과 행동으로 계속해서 주위 환기가 필요하다. 오래 가는 사람은 나름의 생존 방식을 터득하고 에너지를 분배할 줄 안다.

언제 끝날지 모르는 어두운 터널을 홀로 걷고 있다는 기분이 들 때가 있다. 터널에 주저앉아버리면 어둠은 영영 그대로 멈출 것이다. 하지만 터널 안에 작은 불빛은 터널 전체를 비춘다. 촛불 하나 켤 힘을 낼 수 있다면 터널의 시간이 암흑의 어두운 시간이 아니라 빛을 통과하는 다리가 되어줄 것이다. 만약 그 작은 불빛조차 찾아낼 힘이 없다면 힘을 모을 때까지 잠시만 멈추면 된다. 당장의 승리감이 아닌 오래 살아남기 위하여.

슬픔
이

골라내
준 것

24년에 《인사이드 아웃2》가 개봉 예정이라던데 벌써부터 기대된다. 픽사의 15번째 애니메이션 《인사이드 아웃》에서 '슬픔이'를 가장 좋아한다. 슬픔의 역할이 무엇인지 분명하게 알게 해준 영화기 때문이다. 슬픔은 누구보다 솔직한 날것의 감정이다. 눈물만큼 감정을 진솔하게 꺼내 보일 수 있는 확실한 방법도 없다.

나는 요즘 수용적인 태도를 깊이 성찰 중이다. 받아들인다는 것은 모든 것의 열쇠 같다. 특별히 부정적으로 분류되는 감정은 받아들이기가 쉽지 않다. 불안, 분노, 슬픔, 억눌림… 이 다양한 감정은 받아들임 하나면 잠잠해진다. 잠시 감정과 나를 분리해 보면 감정에 솔직해지는 데 도움이 된다.

알랭 드 보통Alain de Botton『슬픔이 주는 기쁨』에서는 슬픔을 슬픔으로 위로하고 슬픔 속에서 희열을 느낄 수 있다고 말한다. 대부분 슬픔은 기쁨의 반대말이라고 생각한다. 그러나 슬픔도 가만히 들여다보면 그 안에 피어날 희망이 있다. 가만히 생각에 꼬리를 물다 보면 자연스럽게 부정적으로 뻗어나간다. 우리의 본성이다. 그래서 더욱 의식적으로 긍정적인 생각을 하려는 노력이 필요하다. 어느새 행복을 추구하는 사람이 된 것은 내 안의 슬픔을 누구보다 잘 알기 때문이다. 슬픈 것은 나를 더 성장하게 했고 평온한 것을 사랑하게 했다.

2년 전 나는 깊은 우울을 경험했다. 스스로 정신과를 찾아갈 때까지도 난 지극히 정상인 줄 알았다. 다만 스트레스 상황이 극에 달해서 예민했고 불안했으며 잠을 편히 못 잘 뿐이라고 생각했다. 몇 가지 문장 검사와 설문 검사지를 제출하고 의사 선생님을 마주했을 때 그분의 따스한 말투에서 맥락 없이 왈칵 눈물이 났다. 아무라도 좋으니 진심 어린 위로가 필요했던 것 같다. 불안한 마음이 턱 끝까지 차올라서 찰랑이고 있는데 선생님께서 촘촘하게 쌓아 올린 표면장벽을 톡 건드려 주셨다. 상담이 끝나고 가볍지 않은 우울감이 있다는 진단을 받았을 때, 우울함이 우리가 생각하는 슬픔과 큰 차이가 없다는 걸 깨달았다. 자주 울음을 삼켰던 그 시간이 나를 눅눅하고 가라앉게 만들고 있었다. 어릴 적 내가 뱉었던 울음은 나를 더 건강하게 했었는데 어른이 되면서 삭히고 감췄던 마음이 나를 병들게 하고 있었다. 병원에서 지어준 약 봉투를 들고 나왔을 때, 무작정 병원 근처 호숫가를 찾아갔다. 그 잔잔하고 반짝이는 풍경에 대고 얼마간 소리 내 울었다. 한참을 쏟아내고 회사에 출근했다. 그렇게 불안의 감정을 쏟아내고 나면 조금 괜찮았다. 며칠간은 화장실에 들어가 몰래 울고 일하고를 반복했다. 집에 와서 약 봉투를 안 보이는 곳에 밀어놨다. 약에 의존하고 싶지 않았다. 휴직이라는 카드를 통해 끝을 정해두고 나니 좀 나았다. 스스로 지친 감정을 안아주고 충분히 비워냈더니 점점 원래의 나로 돌아오기 시작했다.

　　사실 그때의 상황과 비교했을 때 객관적으로 더 나아진 것은 없지만 나는 아주 행복하다. 여기서 충분하다는 것은 슬픔을 덜어내고 남은 부분을 말한다. 나는 자주 울음을 뱉어내고 깨끗이 비워낸 그 마음 위에 행복만 남긴다. 그 연습을 자주 하다 보면 행복을 골라내는 건 쉽다. 마음 안에 기쁨이라는 자갈이 있다고 생각해 보자. 그 빈틈 사이사이를 슬픔이라는 물로 채웠다. 기쁨이 떠오르게 하려면 더 많은 기쁨을 채워야 하는 게 아니라 물을 빼버려야 하는 것이다. 내가 나로 충만하면 어떤 상황도 감정을 제어할 수 있다는 생각이 들었다. 상황은 바꿀 수 없지만 내 안의 감정은 나만이 바꿀 수 있다. 많은 이들이 그렇게 '마인드 컨트롤'을 외친 이유가 여기에 있다. 마인드 컨트롤을 알려주는 여러 책에서도 감정을 억누르는 것이 아니라 껴안아야 한다고 말하고 있다. 감정을 안아주기 위해서는 감정의 속성을 잘 알아야 한다.

  흔히들 쉽게 눈물짓는 사람을 감정적이라고 하는데, 슬픔은 가장 이성적이다. 슬픈 감정이 드는 것은 문제를 깨닫고 자기반성을 하게 하는 기회다. 왜 이런 감정이 드는 건지 스스로에게 물음을 던질 수 있는 순간이다. 쉬운 예로, 무언가 잃었을 때 우린 슬픔을 느낀다. 잃고 나서 외양간을 고치더라도 고칠 수 있는 문제라면 다행이다. 분석적으로 사고한다. 이다음에는 같은 실수를 반복하지 않으려고 철저한 준비와 다양한 노력이 수반된다. 반면 행복할 때 단순하다. 행복을 파헤치고 분석하는 사람이 어디 있던가. 행복한 그 순간을 즐길 뿐이다. 감정적인 건 행복한 사람이다.

현장에 있을 때 거의 매일 우는 어린이들을 봤다. 자신의 마음처럼 되지 않을 때 울기도 하고 엄마가 보고 싶어서 울기도 한다. 부모는 내 아이가 쉽게 우는 것을 보면 속상할 것이다. 그래서 **"울지마, 울면 바보야, 우는 건 지는 거야."**라고 울음의 속성을 왜곡한다. 아이들은 언어적 표현이 서툴러서 말보다는 감정으로 자기 의사를 표현한다. 왜 자주 눈물이 나는지, 억울해서인지 짜증 나서인지 화가 나서인지 슬퍼서인지 다양한 이유를 찾아보아야 한다. 울음의 이유를 알게 되면 상황에 적절하지 않은 울음은 제어할 수 있도록 훈련해야 한다.

공립기관은 교사의 재량으로 수업을 계획하고 실행할 수 있는데 한때 감정에 관심이 많아서 만 5세 아이들을 대상으로 감정코칭 교육을 했다. 매주 한 요일을 정해서 감정을 알려주는 동화책을 읽고 비슷하지만, 다양한 감정의 이름을 배웠다. 이후 아이들 시선에서 감정을 선택하고 말로 정리해 볼 수 있도록 감정 이모티콘이 그려진 워크북 활동을 했다. 지금 나의 감정을 선택해서 동그라미 표시를 하고 왜 그런 감정이 들었는지 말로 표현하는 활동이었다. 일대일로 아이들 하나하나 눈 맞추며 감정을 들여다보고 표현하도록 격려하는 일이 쉽진 않았지만, 의미 있었다. 아이들의 감정은 단순히 '좋아요, 슬퍼요.'에서 '소중해요, 귀찮아요, 부끄러워요'등으로 점점 세분화되었다. 그리고 점점 감정을 선택하는 일에 신중해졌다. 어떤 감정도 좋고 나쁜 건 없다고 알려줬다. 다만 감정을 통해 선택한 행동이 미치는 결과에는 좋고 나쁨이 있을 수 있다고 알려줬다. 먼저 감정을 살펴보고 놀이를 시작하도록 했더니 스스로 예민함이 있는 경우는 놀이를 쉬기도 했고 자기 행동을 컨트롤하는 모습을 볼 수 있었다.

  내면에 슬픔이 있다고 해서 모든 사람의 출력값이 슬픔으로 나오지 않는다. 감정은 생각보다 복잡하고 미묘하게 얽혀있다. 그리고 우리가 선택할 수 있다. 아이나 어른이나 습관처럼 자주 선택하는 감정이 있다. 습관처럼 내뱉는 말을 떠올려보면 나의 어떤 감정과 연결되어 있는지 알 수 있다. 말은 마음과 닿아있다. 의식적으로 슬픔을 골라내다 보면 슬픔 안에서 또 다른 감정을 발견하게 될 것이다.

우울이라는 감정은 감기 바이러스 같아서 한 번 생기면 완전히 소멸하지 않는다고 한다. 마음 어딘가에 숨어있다가 마음의 면역이 떨어지면 다시금 활동한다. 우울은 슬픔이 쌓이고 쌓여 거대해진 결과다. 슬픔을 별것 아니라고 내버려두지 말고 작은 슬픔이라도 그때그때 건강하게 비워내자. 좋은 것을 골라내기 쉽도록.

달걀

                    껍데기 같은

믿음

널것의 나는 여전히 내 속에 있는데, 꺼내보기에 버거운 날들이 더 많다. 그래서 무언가에 빠진다. 잠으로 도피하거나 판타지로 가득한 영화와 소설, 게임 속으로 들어간다. 갑자기 자아실현을 하겠다며 수련과 봉사, 예술적 활동을 하기도 하고 아이돌 덕질을 하는 등의 평소 동경하던 대상을 쫓는다. 두 팔을 걷어붙이고 묵혀놨던 대청소를 하거나 일에 몰두해서 몸을 무척 고되게 만들기도 한다.

      그러나 잠에서 깨면? 게임이 끝나면? 책의

마지막 페이지를 덮으면? 다시 현실로 돌아온다. 새로운 활력을 줄 순 있겠지만 여전히 해결되지 않은 문제를 바라보고 있노라면 한숨이 새어 나온다. 이 모든 건 방어기제일 뿐이다. 날것을 마주하는 것은 두렵지만 두려움 앞에 똑바로 서야 그다음으로 건너갈 수 있다.

      요즘 웹툰을 원작으로 한 드라마들이 정말 많이 나오고 있다. 넷플릭스 드라마 〈정신병동에도 아침이 와요〉를 인상 깊게 봤다. 아마 누군가에게 인생 드라마가 됐을지도 모를 만큼, 지친 마음을 깊게 어루만져주는 힐링 드라마였다. 매회 여러 에피소드가 있지만 그중에서도 현실은 고시생이면서 마법사 망상장애 환자 '김서완'님의 캐릭터가 유독 기억에 남는다. 놀라울 만큼 연기가 자연스러웠다. 나무위키에 따르면, 노재원 배우는 핍진한 캐릭터 연구를 위해 공시생처럼 컵밥을 먹고, 좁은 고시원에서 지내면서 실제로 노량진 학원에서 두 달 정도 지냈다고 한다.

      극 중에서 그는 공무원 시험에서 7번 낙방을 경험한 자신의 상황을 회피하고 게임 세계에 갇혀 정신병동에 오게 됐다. 자신을 돌보는 담당 간호사와 라포르rapport를 형성했고, 치료가 호전되면서 현실을 깨닫고 고시생으로 돌아가지만 녹록지 않은 현실에 좌절한다. 다시 망상장애인 척 자발적으로 병동에 들어오지만 결국 들통나 버린다. 결말은 믿고 싶지 않지만, 현실의 나와 이상의 나의 간극에서 애쓰는 모습이 많은 생각을 하게 했다. 물론 드라마의 상황은 매우 극단적이지만 우리도 도피처라는 이름하에 스스로를 오래도록 가두고 있을 때가 많다. 그렇다고 억지로 부딪히라는 건 아니다. 세상에는 노력만으로 안 되는 일도 많다. 다만 그것을 전부 내 탓으로 돌리지 않았으면 좋겠다. 그래도 조금씩 세상 앞으로 당당히 나오면 좋겠다. 알을 깨고 나왔을 땐 조금 어색하더라도 곧잘 적응할 것이다. 나를 조금만 믿어보자.

    본래 성향이 당당하면 얼마나 좋겠냐마는 나도 변명하기에 바쁜 삶을 살았다. 취업 준비기간이 길어지면서 시간을 핑계로 현실 도피성 여행을 자주 떠났다. 그리고 글을 썼다. 물론 복잡한 마음을 쏟아내기에 여행은 참 좋은 수단이다. 거대한 자연 앞에 서면 고민도 아주 작아 보였다. 어지러운 마음을 새로운 풍경 앞에서 쏟아내고 비워냈다. 그때의 글들은 치유 과정을 담고 있는 것 같기도 하다. 하지만 도피성 여행이 늘어날수록 현실로 돌아오면 그 타격감이 더욱 커져 있었다. 요즘은 여행도 가지 않고 이 현실을 오롯이 느끼려고 한다. 회피하고 모르는 척 넘기기엔 매듭이 지어지지 않은 느낌이다. 멀리 도망쳐보기도 하고 어딘가 숨기도 했으나 그때의 나보다 꺼내고 마주했을 때 나 자신이 더 마음에 들었다. 이후의 결과는 모르겠다. 잘 풀린 것인지 더 엉켜버린 것인지 알 수 없으나 확실한 것은 나 자신에게 당당했다. 도저히 풀리지 않을 것 같은 문제 앞에서 두려움이 앞서긴 하지만 두려움만큼 성장해 있겠다는 확신이 있다. 남들이 아니라 내게 떳떳한 사람이 되려고 한다. 어쨌든 시간은 흐르고 문제는 잊혀서 나만 남는다. 그때 자신에게 떳떳한 사람이 된다면 분명 그것이 나를 더 단단하게 만들어 준다.

      이런 내 생각을 더욱 확고하게 해준 건, 안은진 배우의 말이었다. 드라마 〈연인〉에서 활약을 하고 다시 떠오르는 배우가 되어 〈유 퀴즈〉 프로그램에 출연했다. 작품 촬영 기간이 일 년이 됐을 만큼 길고 깊이 있게 촬영했다. 촬영을 앞두고 안면마비로 컨디션이 회복이 더디고 맡은 역할을 잘 해냄에 대한 두려움이 앞섰다고 했다. 도망치고 싶다는 생각과 함께 끝에는 성장해 있겠다고 직감했다고 말했다. 자기 말처럼 그녀는 결국 해냈고 성장했다. 너무나 멋진 모습으로 대중 앞에 서게 됐다.

이슬아 작가도 「중앙일보-폴인」 인터뷰에서 비슷한 말을 했다.

"…보여줘야만 느는 것 같아서. 모든 글을 썼으면 발표하는 것 같아요."

나도 이 생각에 전적으로 동의한다. 끄적인 글이 발표되지 않으면 비밀 일기장에 그치지 않는다. 날것의 글을 대중에게 보여주는 일이 때론 수치, 비난, 부끄러움까지 감수해야 하지만 그렇게 서툰 처음을 맞이해야만 한 단계 성장한다고 믿는다. 작품성을 키우고 좀 더 전문적인 영역으로 확대하고 싶은 분야는 보여주는 것이 맞다. 대중에게 공개하고 다양한 시각을 받아들이면서 수정을 거듭해 점차 발전해야 한다.

사실 보여주는 건 너무 쉽다. 있는 그대로 사진을 찍고 글을 써서 SNS 계정에 올려버리면 되니까. 이젠 자신의 강점을 드러내고 스스로 보여주기를 원하는 시대다. 좋은 것, 좋은 일은 많이 알리고 보여줘도 좋다. 그러나 대중적인 것을 놓쳐서는 안 된다. 우리가 보여주겠다고 하는 것은 독특한 취향의 영역이 아니라 대중적인 수용이다.

글쓰기를 업業으로 하는 작가도 대중들에게 공개할 수 없는 비밀 일기장이 있다. 그 일기장엔 사사롭고 쓸데없이 과한 정보를 담고 있을 것이다. 무얼 먹고 누굴 만나고 무얼 샀는지 모두가 알 필요는 없는, 본인도 왜 이걸 적고 있는지 모를 이야기로 가득하다. 사생활까지 모두 오픈할 필요는 없다. 나의 일부를 공유해서 유익한 누군가가 있지 않다면 불필요한 광고일 뿐이다. 삼키고 싶을 땐 도피처로 가면 된다. 나만 알아볼 수 있게 꼭꼭 숨기고 제한된 공간에서 나를 보면 된다. 도피처에서 숨 고르기를 하다가 이제 마주할 용기가 난다면 그때 보여줘도 괜찮다. 보여줄 때 성장할 여지가 있는 부분이라면 언제라도 세상에 내보여지기를 바란다.

겁이 많은 강아지일수록 큰 소리로 짖어댄다. 자신을 지킬 수 있는 건 잠시 뒤에 허공 속으로 사라지는 울음뿐이다. 단단한 사람은 알고 보면 연약하다. 달걀이 꼭 그렇다. 겉으론 단단해 보이지만 아주 작은 충격에서 쉽게 금이 가고 깨진다. 그 얇은 껍데기 안에 들어있는 건 더 연약한 흰자와 노른자다. 그것은 힘이 없어서 혼자 몸을 지탱할 수도 없다. 그래서 얇지만 견고하다고 믿는 그 껍데기를 몸에 두르고 동그란

알의 형태를 유지한다. 톡 건드리면 깨져버릴 껍데기라도 연약한 액체의 자신보다 단단하다. 우리는 이런 달걀 껍데기 같은 보잘것없는 믿음으로 연약한 날것을 겨우 지탱하고 유지해 가는 것일지 모른다. 그러다가 뜨거운 열에 의해 삶아지고 구워지고 부단히 고생을 겪다 보면 껍데기를 깨도 온전한 힘으로 형체를 유지할 수 있는 삶은 달걀이 된다. 그때 주변에서 "너는 **단단한 사람이구나.**"하고 말해 줄 것이다. 누구나 처음부터 단단하지 않았고 연약한 믿음에 의해 열을 견뎌냈을 뿐이라는 사실을 알아줬으면 한다.

치실

    같은

인생

치실이 똑 떨어졌다. 금단현상치림 바로 인터넷을 켜고 내일 새벽, 가장 빠른 배송을 해주는 사이트에서 구매를 서둘렀다. 전에는 치실이 있어도 잘 사용하지 않아서 아무 데나 뒹굴던 그 치실이다. 이제는 없어서는 안 될 필수품으로 자리 잡은 게 우습다. 내가 이렇게 치실을 아끼게 된 이유는 작년 겨울, 치과에서 충치 치료로 몇백을 까먹은 뒤부터다.

나는 초등학생 때부터 교정 치료를 시작했다. 유치를 다 뽑기도 전이라서 마지막 유치를 뽑을 때까지 기본 장치 같은 걸 하면서 기다렸다가 치아가 자리 잡자마자 곧바로 교정에 들어갔다. 그땐 주변에 교정하는 친구들이 없었고 요즘처럼 부분 교정이나 투명교정이 잘 되어있지도 않던 시절이라 짙은 회색의 철 구조물을 치아에 달고 다니는 게 어쩐지 쑥스러웠다. 그 덕분에 잘 웃지 않았고 성격은 더욱 소심했다. 당연히 칫솔질에 민감했고 밥을 먹으면 음식물이 교정기에 끼는 게 신경 쓰여서 칫솔모가 움푹 팬 교정 전용 칫솔을 싸 들고 다니며 열심히 칫솔질했다. 치과에서는 교정기를 차면 아무래도 칫솔질이 어려워 충치 위험이 높다고 했는데, 그땐 오히려 부지런히 칫솔질해서 그랬는지 불편한 교정기 때문에 군것질을 마음껏 못해서였는지 충치가 없었다.

　　　　교정기를 푼 건 고등학교에 올라가면서였다. 고삐 풀린 망아지처럼 치아 관리에 소홀해서였을까. 지금까지도 식사 후에 칫솔질을 곧잘 하는데 충치는 늘 나를 따라다녔다. 여태 구멍을 때우면서 버텼던 충치가 더욱 커졌고 결국 다음 단계인 금니를 씌우게 됐다. 이다음 단계로 넘어가면 신경치료를 하게 될지도 모르니 더욱 칫솔질에 유의해야 한다.

　　　　치과에서는 모형 치아를 내 앞에 가져다 두고 올바른 칫솔질을 알려줬다. 잇몸을 누르면서 아주

꼼꼼하게 해야 한다며 구석구석 알려주셨다. 서른 살에 다시 배우는 칫솔질이라니. 교사 시절에 아이들에게 무시무시한 충치 동화를 읽어주고 단것 먹을 때마다 그렇게 경고했는데 내가 충치라니. 어찌 됐든 두려움에 떨며 충치 치료와 스케일링까지 마쳤다. 칫솔질 이후에는 치실을 꼭 사용하라고 당부하셨다. 치실은 음식물이 깊숙이 낄 때만 사용하는 건 줄 알았는데 칫솔질 후에 마무리 단계처럼 늘 해줘야 하는 것이었다. 아무래도 칫솔질만으로는 한계가 있어서 치실을 사용하면 치석이 쌓일 시간을 줄이는 건 확실했다. 이렇게 점점 치아 건강을 챙기는 게 나이가 들어간다는 반증 같다.

이전에는 인생이 내 열심만으로 기대했던 결과를 가져다주지 않은 것에 대해 어떻게 해석해야 할지 몰라 답답했다. 인생에 어떤 태도를 가져야 할지 스스로를 돌아봤다. 그러고 보니 치실에서 힌트를 얻었다. 효능이 좋다는 유명한 치약을 찾아서 칫솔질을 한 번 더 해야 하는 것이 아니라 치실을 사용해서 칫솔이 닿지 않는 구석에 남아있는 치석을 제거하는 것이라는 것을 알아차렸다. 아무리 칫솔질을 세 번이 아니라 다섯 번으로 늘린다고 해서 충치가 안 생기는 건 아니다. 핵심은 치실이라는 얇고 기능적인 도구를 사용해서 문제를 직접적으로 제거하는 것이다.

　　새해에는 새로운 다짐을 많이 한다. 운동하기, 영어 공부하기, 자격증 따기, 독서하기 등으로 평소에 잘하지 못했던 부지런함을 추가하고 목록을 더해간다. 나 역시 작심삼일이었던 새해 다짐으로 다이어리 첫 장을 채웠던 기억이 있다. 그러나 우리는 새해 다짐이 얼마 가지 못했던 것도 기억할 것이다. 왜 그런지 그 이유를 생각해 보면 내 문제가 무엇인지 생각하지 않고 대부분 남이 좋다고 말하는 이유를 더해가고 있었기 때문이다.

　　농사를 지을 때, 땅속 깊이 박힌 돌을 골라내는 작업이 가장 중요한 기초가 되고, 비료와 양분을 더 많이 주는 것보다 농작물 주변의 잡초를 뽑아내는 게 도움이 되는 것처럼 나의 열심엔 왜 답이 없느냐고 불평하기보다 미처 골라내지 못한 돌멩이나 잡초가 없었는지 내 안의 문제를 면밀히 살펴야 한다.

　　서른을 이제 막 넘기면서, 인생이라는 것이 여전히 그리고 앞으로도 내 맘대로 되는 것은 없겠지만 내 안에 문제가 무엇인지 정도는 돌아볼 줄 아는 게 참 중요하다는 걸 느낀다. 이에 따라 자기반성을 매일

하게 하는 글 쓰기가 숨처럼 중요해진 것은 앞으로는 그래도 꽤 괜찮은 어른이 되고 싶다는 바람 때문이다. 새해 목표가 있다면 말을 더하고 싶을 땐 한 번 더 삼키고, 쓸데없이 지갑을 열고 싶을 땐 일단 장바구니에 담아 두고, 한 숟가락 더 먹고 싶을 땐 숟가락을 내려놓고, 불필요한 약속들은 정중히 거절하는 절제의 미美를 가지기 위해 노력하련다.

  뉴에이지 음악의 획을 그은 피아니스트 이루마의 「연세춘추」 인터뷰에서 좋아하는 말이 있다.

"나의 한계를 알고 그 안에서 최선을 다하세요."

  이루마는 체구에 비해 작은 손을 가졌다. 어쩌면 피아니스트로서 치명적인 단점일 수 있다. 그는 작은 손 때문에 빠르고 격정적인 음악보다 서정적이고 잔잔한 음악을 선택했다. 다시 말해, 그는 격정적인 음악을 과감히 빼버렸다. 그의 감성이 고스란히 묻어나는 연주는 눈물 나게 감동적이다. 나의 문제를 생각해 보면 해결할 수 없는 문제일 때도 많다. 하지만 문제를 인식하고 받아들일 때, 내가 할 수 있는 범위에서 그것을 줄여가는 노력을 할 수 있다. 자꾸만 좋다는 무언가를 더하는 게 아니라 문제를 제거하는 것. 더하기가 아니라 빼기를 잘해야 하는 것이다.

  빼기를 정말 잘하려면 내 날것을 살펴야 한다. 날것의 나를 객관적으로 들여다보면 돌멩이나 잡초처럼 모나고 심술이 난 부분들이 보일 것이다. 그때 과감히 곡괭이를 들어야 한다. 그것을 찾아서 나의 한계를 인정하고 최선을 다해 다듬고 줄이거나 보완하기 위해 노력해야 한다.

  우리는 그의 연주를 귀로 들을 뿐, 아무도 그의 손 크기에 관심 없다. 어쩌면 본인이 문제라고 여기는 것을 타인은 문제로 생각하지 않을 수 있다. 그의 문제에 아무도 관심 없는 것처럼 내 문제에 아무도 관심 없다. 내가 나를 돌보지 않는다면 아무도 그 문제에 대해 언급 해주지 않는다. 스스로 나의 한계를 찾고 발견해서 보다 나은 모습으로 발전하느냐의 차이다.

소유

와

　　향유

길가에 핀 어린 들꽃을 보면 문득 가던 길을 멈추게 된다. 작고 가녀린 줄기와 잎이 아스팔트 바닥 사이를 비집고 뿌리를 내려 기어코 꽃잎을 보여주는 게 참 대견해서. 노란 민들레며 소국화, 이름 모를 들꽃은 내 눈에만 어여쁜 게 아닐 거다.

        어린 여자아이가 뛰어와 민들레 앞에 쭈그리고 앉더니 코를 바짝 대고 꽃냄새를 맡는다. 아이는 엄마에게 꽃을 갖고 싶다고 말했다. 엄마는 한 치의 망설임도 없이 줄기 아래를 똑 따서 아이의 손에 들려주었다. 아이는 신이 나서 한 손에 줄기를 대롱대롱 들고 다른 한 손은 엄마의 손을 잡고 길모퉁이로 사라졌다. 눈 깜짝할 사이에 벌어진 일이다. 엄마가 아이에게 뭐라 말해줄까 기대했던 내가 머쓱함에 코를 한 번 쓱 훑었다. 나는 한참 동안 꽃이 꺾어진 그 자리를 초점 없이 내려다보았다. 길가에 아무렇게 핀 들꽃이라도, 손가락 몇 개로 부러질 연약한 줄기라도 그 자리에 꽃을 피우기까지 애쓴 시간을 떠올리니 먹먹했다. 잠깐은 꽃을 가졌다는 기쁨으로 미소 짓겠지만 하루도 채 가지 못해서 꽃은 시들어 버릴 것이다. 소유하는 것보다 무서운 건 함께 누리는 기쁨을 앗아가는 것이다.

존경하는 유지혜 작가 『우정 도둑』에는 미술관의 공평함에 대해 나온다. 눈에 담고 마음에 담고 사진으로 담는 것 말고는 우리가 가져갈 수 있는 원본은 없다. 소유했다는 안도감에 속지 않고 그 시간을 향유하는 것만이 그것을 진짜 가지는 것 같다. 16년도 여행 중에 런던 미술관을 관람하고 있었다. 유명한 미술 작품이 화려한 금장식 액자 속에 들어 있었다. 입을 떡 벌리고 눈에 담겠다고 눈알을 바쁘게 굴렸다. 런던 미술관은 앉아서 편히 감상하도록 작품 앞에 푹식한 소파와 기다란 의자가 놓여있었다. 소파에는 4, 5살쯤 돼

보이는 금발의 남자아이가 앉아 있었다. 연필을 바르게 쥘 수도 없어 주먹으로 꽉 쥐고 있었다. 한 손에 쥔 연필은 두 개 이상이었다. 아이는 하얀 종이에 몰두하여 자신만의 감상을 펼치고 있었다. 아이의 옆에 살며시 앉아서 무엇을 그리냐고 물었다. 앞에 있는 작품을 따라 그린다고 했다. 알아볼 수 없는 형태지만 자신만의 방법으로 미술관을 똑바로 보고 있는 건 이 아이뿐이었다. 이날 이후로 나는 여행하며 눈앞의 풍경을 드로잉하기로 마음먹었다. 흘러가는 시간을 거기에 잡아두기 위해. 사실 우리가 누리고 있는 이 모든 것과 이 시간은 잠시 가진 것뿐이다. 주어진 시간을, 최선을 다해 사랑하며 즐거운 추억을 쌓으면 된다. 추억은 오래도록 그 자리에 있을 것이다.

　　　　미술관뿐만 아니라 자연만큼 공평한 게 없다. 아름다운 자연을 누구나 마음껏 즐길 수 있다는 게 정말 감사하다. 자연을 찾는 이들이 행복한 시간으로 그 공간을 채워나가는 모습은 유독 아름답다. 정여울 작가 『여행의 쓸모』에도 공간을 향유하라고 전한다. 그렇다면 향유는 뭘까. 개인마다 방법은 다양하겠지만 나는 여행지에서 그림을 그린다. 먼저 종이 위에 가는 펜으로 실루엣을 따라 그린다. 길이가 제각각인 색

연필 몇 자루로 가볍게 색을 입히고 수채 느낌을 주고 싶어서 물 붓으로 칠해준다. 캘리그라피 펜으로 장소 이름을 적으면서 그 공간의 이름을 새긴다. 같은 장소에서 그림과 사진을 겹쳐 사진을 찍는다. 그림을 그릴 시간이 없다면 오래된 필름 카메라로 장면을 갖는다. 수고스럽게 필름을 맡기고 사진이 나올 시간을 기다린다. 약품처리가 된 필름은 얼룩진 모양과 빛바랜 흔적까지 고스란히 날것이 묻어난다. 집으로 돌아가 일기를 쓰는 것도 좋은 방법이다. 안전하다고 느끼는 비밀 일기장에 기록하는 펜 끝에는 날것의 마음이 쏟아진다. 하루를 정리하며 지나간 순간을 잠시라도 붙잡을 수 있는 건 구석구석 기록을 남기는 것뿐이다. 오랜 시간을 들일수록 더 오래 기억에 남기 때문이다.

  소유보다 경험에 집중하는 시대를 증명하는 듯 구독 서비스가 보편화되었다. OTT부터 무료배송 쇼핑 상품, 음악 서비스, 광고 없는 유튜브, 유료 앱, 유료 교육 프로그램 등 누구나 매달 구독료를 내는 서비스를 최소한 한 개 이상 가지고 있을 것이다. 나도 여러 개의 서비스를 이용하는데 매달 꽤 많은 구독료를 지불하고 있다. 그렇다고 해서 모든 구독 상품을 알차게 이용하진 않는다. 소유했다고 착각하는 순간 이상하게도 마음이 느슨해져서 사용하지 않는 구독료를 자동이체 시켜 버릴 때가 많다. 구독 시작할 때의 다짐을 간과하는 소비 심리를 판매자들은 잘 알고 있다. 세상은 너무 많은 경험을 너무 쉽게 허락하고 있다. 더 많은 것을 누리고 싶어서 이것저것 구독 상품을 늘리다 보면 시간이 부족하다. 우리는 정보의 홍수 속에서 제한된 시간을 가졌으므로 소유해야 할 것과 향유해야 할 것을 분별할 기준을 가져야 한다. 향유만 할 것인지 향유를 넘어 소유할 것인지 말이다.

향유와 소유는 반대 개념이 아니라 포함 관계다. 결국 진짜 소유는 향유이자 '내면화'다. 남에게 좋은 것이 내게도 유익한 것이 되려면 나만의 방식으로 그것을 채워가야 한다. 그래서 나는 타인의 삶을 들여다보는 걸 좋아한다. 책이나 다큐멘터리, TV 토크쇼는 정말 유용한 힌트다. 일반인부터 유명인들에 이르기까지 공유해주는 각자의 삶의 조각들을 엿보며 공감이 가고 좋은 기준을 내면화하려고 노력한다. 정제된 매체가 아니더라도 우리 주변에도 분명 좋은 사람들이 있다. 그들과 함께 생활하며 가까이서 보고 배운 것들로 나를 채운다. 사족이 길었지만 지금, 이 순간을 즐기고 있다면 당신은 진짜로 삶을 소유한 셈이다.

[제4부] 꿈

나만

의

　　무늬

영화《패터슨》은 단조로운 한 남자의 일상을 보여준다. 뉴욕 소도시의 이름이자 시인이자 영화와 시의 제목이기도 한 패터슨Paterson. 그와 대조적으로 패터슨의 아내는 옷과 커튼, 타일, 심지어 컵케이크 위에도 화려한 패턴 그리기를 즐기는 엉뚱하고 사랑스러운 인물로 등장한다.

단조로운 무늬를 가진 패터슨은 동네 버스 기사다. 조금 특별하다면 비밀 노트에 시를 쓰는 시인 버스 기사다. 퇴근 후 집에서 아내와 저녁을 먹고 나면

강아지 마빈을 산책시키고 동네 바Bar에서 술 한잔을 하며 하루를 마무리하는 매일 비슷한 패턴으로 살아간다. 일반적인 영화라면 비현실적인 플롯과 위기를 보여주는 사건·사고가 당연히 있을 텐데 패터슨은 처음부터 끝까지 단조로운 서사를 지녔다. 보는 이에게 짜릿한 재미를 줄 순 없지만 잔잔한 일상에서 오는 평온함과 위로를 건넨다. 패터슨의 일주일과 하루를 들여다보면서 느낀 건, 하루하루가 비슷해 보여도 자세히 들여다보면 쏠쏠한 재미도 있다. 우연히 마주친 이웃 소녀가 건넨, "**멋져요, 에밀리 디킨슨Emily Dickinson을 좋아하는 버스 기사!**"처럼 지나치듯 남긴 한마디가 오늘을 특별하게 해준다. 작은 행복에 웃음 짓고 실수도 안아주며 그렇게 살아가는 모습이 소소해서 좋았다. 현실과의 괴리가 없는 순수한 영화였다.

    홀로 떠난 유럽 여행에서 흔한 버킷리스트인 스위스 패러글라이딩을 했다. 패러글라이딩 자체도 좋았지만 가장 좋았던 건, 패러글라이딩 조종사와 나눈 대화다. 사실 엉터리 문장으로 질문을 던졌던 터라 의사소통이 잘 된 건지는 모르겠지만 그 순간이 여전히 마음속에 살아있는 걸 보면 꽤 인상 깊었나 보다. 아득히 아름다운 풍경을 내려다 보며 문득 궁금했다.

아무리 멋진 풍경을 보고 있어도 매일 똑같은 일을 반복하는 당신의 직업을 사랑하냐고 물었다. 그는 바보 같은 질문에 웃으며 답했다.

"너도 보고 있듯이 멋진 풍경과 함께인 이 직업을 나는 사랑해. 반복되는 일은 맞지만, 매일 날씨도 다르고 맞이하는 손님도 바뀌고 내 컨디션도 달라서 똑같지 않아."

패터슨도 이런 기분이었을까. 매일 똑같은 버스 의자에 앉아 똑같은 노선을 몇 번이고 오고 가는데 매일 조금씩 다르게 만나는 손님과 바깥 풍경의 변화, 본인의 컨디션을 새롭게 느끼고 있으려나. 새삼 하나의 직업으로 일평생을 다해온 부모님이 존경스럽다. 매일 똑같은 일을 사랑하며 계속할 수 있는 건 사랑스러운 눈을 가지는 것이었다. 반복이 허락한 일상의 소중함을 기쁘게 누리고 소소한 행복을 찾아 새로움을 조금씩 부여하는 것이다. 반복되지만 조금씩 다르게 연주하는 변주곡처럼.

무루 작가의 『이상하고 자유로운 할머니가 되고 싶어』에는 '당신은 어떤 노인이 되고 싶은가?'라는 질문에 좋은 습관과 그것을 반복하면 그런 사람의 고

유성을 가진다고 했다. 내가 선택한 일들이 나의 습관이 되고 그것이 본성이 된다는 놀라운 사실을 알고 있는가? 지금껏 내가 갖고 있는 좋은 습관과 고치고 싶은 습관을 몇 개 떠올려 봐라. 내게 유익한 습관은 노인이 되어서까지 지켜내겠다는 다짐이 필요하다.

다시 영화 얘기로 돌아가서, 영화의 주인공은 패터슨이지만 나는 그의 아내인 로라에게 눈길이 갔다. 단조로운 일상을 살고 있는 건 패터슨과 같았지만 매일 새로운 일을 꿈꾸는 것을 좋아했다. 통기타를 배워서 가수가 되겠다든지 컵케이크를 팔아 성공하겠다는 포부를 지녔다. 귀여운 그녀의 캐릭터처럼 온갖 무늬를 그리며 알록달록 자신의 삶을 채워갔다.

단조로운 일상은 누구나 똑같이 겪는다. 단조롭지만 그 일상의 평화를 누리며 내가 선택하고 있는 일들이 나의 습관이 되고 루틴이 되어서 결국 나라는 사람을 만들어 간다. 삶이 똑같아서 재미없다거나 무슨 의미를 찾아야 할지 고민하는 이가 있다면 이미 당신만의 단조로운 무늬를 그리며 잘 가고 있다고 말해주고 싶다. 오히려 무無패턴일 때 삶은 방황한다.

영화를 보면서 나의 무늬는 지난 십 년간 어떤 흔적을 남겼는지 생각해 봤다. 남겨진 사람과 책과 일기, 농담을 주고받은 편지, 바래진 사진을 훑어보며 지난날을 떠올려봤다. 그 안에는 가까웠다가 멀어진 관계도 그 반대의 경우도 있다. 내 방식으로 흔들리고 단단해지고 모험하고 실패하고 낙담하면서 정신없이 행복한 무늬를 그려왔다. 일정하지도 않고 굴곡이 심하지도 않고 적당히 어지럽고 적당히 제멋대로인 그런 무늬다. 게다가 무늬가 점점 촘촘해지는 게 신기하고 재밌다.

    가끔은 나의 취향과 고집이 선명해져 무늬를 두껍게 하는 것이 두렵기도 했다. 또래보다 도드라져 보이는 무늬가 따가운 시선으로 돌아올까 봐 걱정했고 스스로 관계의 폭을 좁히고 고립될까 봐 두려웠다. 하지만 취향을 알아간다는 건 나를 이해하는 것이고 나를 이해한 만큼 상대를 존중할 수 있다. 분명 인간관계는 전보다 좁아지고 있지만 에너지를 안으로 채워가고 내가 나로 충만해지는 경험을 하면서 주변을 더 사랑할 수 있게 됐다.

동경

하는

나의

꿈

아도이ADOY 오주환이라는 뮤지션을 알게 된 건 얼마 되지 않았다. 인디밴드 음악을 제일 좋아하는데 이제껏 그를 몰랐다니. 좋아하는 사람이 좋아하는 지인을 소개할 때면 나도 그 사람이 좋아질 거란 예감이 든다. 〈노필터 TV〉의 오랜 구독자로 모든 코너를 좋아하는데, 누군가의 집을 방문해 소개하는 '똑똑똑' 코너가 있다. 주인공은 오주환 씨였다. 궁전 입구를 연상케 하는 그의 집은 요즘 스타일보단 그네 부부의 취향으로 가득했다. 어쩐지 뮤지션의 힙한 분위기와 온화함이 뒤섞였다. 인테리어 콘셉트는 이태리 남부 시골 할머니 집이랬다. 그래서인지 타일부터 조명까지 모든 게 포근했다. 개성 넘치는 집도 예뻤지만, 호스트와 게스트 간의 대화가 좋았다. 힘든 시절을 함께 견뎌왔기에 지금의 성취를 누구보다 기뻐하는 모습에 나도 덩달아 기뻤다. 선택의 갈림길에서 '좋아하는 일에 대한 꿈'을 놓지 않은 그의 소신이 결국 지금을 만들었다는 것이 대단하다. 오랜 시간을 거쳐 결국 본인의 꿈을 성취해낸 그에게 잘될 거란 확신이 있었냐는 물음에, 그냥 했다고 답했다. 좋아하는 일을 끝까지 해보자는 마음으로. 보통 원하는 일이 잘 풀리지 않을 때 주변 일로 옮기는 경우가 많다고 덧붙였다. 이를테면, 플레이어가 아닌 음향 일을 하는 경우처럼. 하지만 그는 근근이 삶을 버티면서도 끝까지 원하는 플레이어가 되고 싶었고, 정말 끝까지 해냈다.

  권준호 작가 『디자이너의 일상과 실천』에서도 김소연 시인의 『마음 사전』 산문집을 빌려, 동경과 존경은 쉽게 이동하느냐의 차이라고 했다. 쉽게 이동하지 않는 존경의 마음으로 꿈을 대해야 한다고 일러준다. 내가 원하는 단행본 북디자이너는 신입에게 쉽게 기회를 주지 않는다는 것을 여러 번 경험하고서 비숱한 계열의 잡지디자이너를 택했다. 단행본과 간행본은 성격 차이가 크다. 하지만 텍스트와 사진을 다루고 책이라는 매체를 출판하는 일은 유사하다. 한 번에 원하는 것을 성취할 수 있다면 더할 나위 없이 좋겠지만 현실의 벽은 높고 두터웠다. 나름 많은 것을 포기하고 인내와 기다림 끝에 꿈에 가까운 일을 성취했다고 생각했는데, 나는 꿈을 동경하고만 있던 걸까. 내가 완벽히 원하던 일이 아니어도 근접한 일을 찾아 일단 시작하는 것이 맞는지, 끝까지 고집스럽게 원하는 것을 성취할 때까지 부단히 노력해야 하는지 융통성과 그 반대 사이에서 언제나 고민스럽다. 이런 내가 현실의 벽 앞에 존경에서 동경으로 꿈을 바라보는 타당성을 부여해도 될까.

    잔나비의 〈꿈과 책과 힘과 벽〉이라는 곡을 좋아한다. 후렴 부분에서 '우리는 어째서 어른이 된 걸까' 가사를 되뇐다. 꿈과 벽 사이에 책과 힘이라는 다양한 노력이 허들처럼 놓여있다. 현실에 닿는 벽은 무겁고 단단한 철옹성인데 어른들은 아무도 꿈 뒤에 있는 것들을 말해주지 않는다. 그저 꿈을 크게 가지라고 종용한다. 꿈을 찾겠다고 퇴사한 이후, 전공과 자격증과 짧은 경력을 내던지고 발가벗은 것처럼 세상에 섰을 때,

그 벽은 실로 높았다. 비전공자가 양성 과정을 몇 개월 수료한 것으론 나를 증명해 보일 길이 턱없이 부족하다. 고군분투하며 독립출판했던 프로젝트 몇 개가 전부이고 미완성의 포트폴리오를 돌리며 나이 많은 중고 신입으로 '괜찮은' 출판사에 입사한다는 건 더더욱 힘든 일이다. 처음엔 출판사에 입사하고 싶어서 원하지도 않는 마케팅, 에디터 직무를 찔러봤던 경험이 있다. 실제로 그 직무로 면접을 보기도 했지만 꿈에 근접한 것을 성취하고 나는 직무의 중요성을 알게 됐다. 같은 회사였지만 직무에 따라 하는 일의 성격이 달랐고 곁눈질로 그들의 업무를 지켜보면서 내가 할 수 없는 분야였음을 직감했다. 현재는 직무가 일치하다 보니 간행물 작업에서도 꽤 흥미 있는 부분을 발견했다. 그래서 생각지 않게 이쪽 분야를 더 발전시키고 싶어졌다. 좋아하는 책과 문화예술을 다루는 잡지다 보니 내가 추구하는 성격과 같았다.

     우리는 꿈을 세분화할 필요가 있다. 내가 동경하는 것이 회사의 이미지인지, 직무에 대한 만족감인지, 어떤 분야에 대한 전문성인지, 회사를 비롯한 인프라인지… 어쩌면 회사에 속하지 않는 일일 수 있다. 꿈을 직업에 한정 지어 말할 필요도 없다. 무탈한 하루를 꿈꿀 수도 있다. 꿈을 낱낱이 파헤쳐보면 고집스러운 마음을 바꾼다고 꿈에 대한 동경과 존경이 사라지는 게 아니었다. 꿈을 성취한 뒤에 허무함을 느낄 바엔 차라리 바라는 꿈을 가슴에 품으며 사는 게 낫다.

  꿈과 현실은 언제나 멀리 있는 듯 가까이 있다. 멕시코의 초현실주의 화가, 프리다 칼로Frida Kahlo의 작품을 좋아한다. 짙고 매력적인 눈매를 가진 그녀는 초현실주의자로 불리는 것을 거부했다. 단지 꿈이 아닌 현실을 그렸을 뿐이랬다. 허리가 부서지는 두 번의 교통사고와 얼룩진 가정사가 그녀의 현실이었다. 허리를 다치고 누워서 할 수 있는 일이라곤 거울에 비친 자신을 그리는 일이었다. 본인의 작품 중 3분의 1가량인 55점이 자화상이다. '나는 늘 혼자였고, 내가 가장 잘 아는 소재가 나 자신'이라며 자화상을 그린 이유를 설명했다. 삶의 무참함을 예술로 승화시키며 인생에 만세를 외쳤다. 그녀의 슬픔이 그려진 작품이 지금 우리에게 영감을 주듯, 막막한 현실에도 나름의 이유가 있을 것으로 생각하며 나 역시 "Viva la Vida!(인생이여 만세!)"를 외치련다. 꿈과 현실 사이에서 적당히 타협하면서도 좋아하는 것을 절대 놓지 않는다면 언젠가 가장 좋은 나의 때를 만나게 될 것이다.

Home,

    Sweet Home

당신에게 집은 어떤 공간인가. 학생 때나 직장인이 되었을 때나 우리는 "집에 가고 싶다."는 말을 자주 한다. 집을 나서면서도 집에 가고 싶어 하는 이유는 집에서는 양말 벗고 두 다리 뻗고 누워있어도 괜찮기 때문이다. 날것의 욕구는 별거 없다. 몸에 거추장스러운 것을 다 벗어던지고 최대한 맨몸으로 바닥에 누워버리는 것뿐이다.

   이전에 나는 침대를 멀리했다. 누워버리는 순간 잠에 드는 속성 때문에 해야 할 일을 마치지 못하고 하루를 날려버린 경험이 종종 있었기 때문이다. 대학 기숙사에서 지낼 때도 룸메이트들은 수업이 끝나고 오자마자 곧장 침대에 눕는데 나는 책상으로 갔다. 침대는 잠을 자는 곳이라고 스스로 공간 분리를 했다. 그리고 책상에 앉아 사부작사부작 많은 것을 했다. 이 습관은 꽤 잘 지켜졌다. 그러나 지금은 침대를 가장 사랑한다. 늦잠을 느지막이 자고 일어나서도 식탁에서 밥을 먹고 다시 침대로 향한다. 침대책상bed-table이라는 훌륭한 발명품을 올려두면 침대 위에서 모든 걸 해결할 수 있다. 지금도 침대 위에서 이 글을 쓰고 있다. 이쯤 되면 편안한 공간은 집보다 침대인지 모르겠다.

피곤하고 지친 마음이 들수록 우리는 집에 들어가 쉬고 싶다. 그만큼 기댈 곳이 되는 곳은 집이다. 공간이 크고 작은 건 중요하지 않다. 단지 그 공간이 얼마나 포근하냐의 문제. 최초의 집이었던 어머니의 자궁도 아주 작은 곳이지만 아기에게는 편안한 어머니의 품으로 기억되는 것처럼. 포근함을 느끼는 포인트는 개인마다 다르다. 누군가는 따듯한 조명을, 누군가는 커다란 침대를, 누군가는 사람의 온기를, 누군가는 정리된 공간을 보고 포근하다고 한다.

공간을 생각하면 버지니아 울프Virginia Woolf

의 『자기만의 방』이 떠오른다. 책에서는 세 가지 자유를 말했다. 1. 연간 500파운드의 돈 2. 자기만의 방 3. 생각을 표현할 자유. 1920년대 당시 여성 혼자 도서관을 갈 수 없던 시절에 가졌던 선구적인 혜안에 감탄한다. 그녀에 의하면 경제적 자유는 증오와 비통함을 멈추게 한다. 공간의 자유는 누구의 방해도 없는 자기만의 방이다. 그리고 그곳에서 자신만의 생각을 자유롭게 펼칠 수 있다. 백년이 지난 지금도 성별에 국한됨 없이 자유를 추구해야 함은 여전히 유효하다. 경제적, 물리적, 정신적 자유는 삶을 풍요롭게 한다.

나는 초등학생 때까지 내 방이 없었다. 작은 집에 형제를 포함해 4인 가족이 살았고 안방은 공동의 침실이었다. 작은 방도 컴퓨터와 피아노, 책상이 있는 공용 공간이었고 주로 오빠의 차지였다. 그러나 문이 달린 방이 아니어서 오빠 개인만의 공간도 아니었다. 특별히 개인 방이 필요한 제법 그럴싸한 이유는 없었지만, 조용히 혼자만의 공간을 갖고 싶었다. 중학생 때 이사하면서 드디어 내 방이 생겼다. 엄마는 원하는 벽지와 가구를 고르게 해줬다. 처음으로 방이 생겨서 신이 났던 나는, 내 이름처럼 하늘색의 구름 벽지를 골랐다. 지금 생각해 보면 무척 촌스러운 벽지와 통일성 없는 방 분위기였다. 그래도 나만의 공간이 생겨서 무척 기뻤던 기억이다. 방 하나 생긴 것뿐인데 나에게 온전히 집중할 수 있었다. 누구의 아들과 딸, 직장의 어떤 직책, 어느 학교의 학생, 아내, 남편 등 이런저런 역할을 잠시 내려놓고 내 방이 생긴다는 것은 날것의 나를 쉬게 해줄 안식처를 갖는 일이었다.

　　누군가에게 좋은 영향을 끼치기 전에 자기 자신이 되는 게 중요하다는 버지니아의 말에 힘을 얻는다. 교사일 땐 은연중에 아이들에게 선한 영향을 주어야 한다는 강박이 있었다. 그러나 오히려 나는 누구에게 어떤 영향도 주어선 안 됐다. 자랄수록 나 자신이 될 수 있게 격려해야 했다. 나도 내가 되기 위해 글을 쓰기 시작했다. 출처를 알 수 없는 불안을 글로 쏟아내면서 내게 솔직할 용기를 얻었다. 쓰다 보니 불확실함이 점차 선명해졌고 결국 나를 글 쓰는 삶으로 데려다 준 것 같다. 버지니아의 조언대로 세 가지를 완벽히 다 가지진 못했지만, 천천히 그리고 꾸준히 나만의 방을 가져볼 것이다. 그 방에는 따스한 조명이 올려진 탄탄한 책상이 자리 잡고 있을 거다. 한편에는 좋아하는 작가님의 책들을 정돈되게 꽂아두고 환한 창을 바라보며 편히 기댈 수 있는 작은 소파도 들이겠다. 내 취향이 깃든 밝은색의 커튼을 달아두고 바닥에는 촉감 좋은 러그도 깔아두겠다. 귀여운 스피커에서 잔잔한 음악이 흐르고 식물의 좋은 향이 은은하게 배어있는 나만의 공간을 꿈꾸며.

모험

        하는

어른

『꿀벌 마야의 모험』은 독일의 아동문학가인 발데마르 본젤스Waldemar Bonsels의 대표 작품이다. 꿀벌 마야를 소개하는 수식어에는 '호기심'이 붙는다. "호기심 많은 마야는…"으로 시작하는 서문에서 모험과 호기심은 동반하는 단어라는 점을 눈치챌 수 있다.

"나는 다른 꿀벌들과는 달라. 기쁨과 놀라움, 경험과 모험을 위해 태어났다고. 위험 따위는 두렵지 않아. 나한텐 힘과 용기와 침이 있잖아?"

본문 중 명대사로 선정된 마야의 대사다. 정말 이 말이 많은 어린이들에게 꿈과 희망이 되었다고? 책에서는 남들과 다른 비범함을 가지려면 호기심과 용기와 모험을 즐기는 도전정신이 필요하다고 일러주고 있다. 비범함이 먼저일까, 호기심과 용기가 먼저일까. 도통 모르겠다.

　　　어릴 적 나는 소심하고 어른의 말에 순종적인 평범한 어린이였다. 오히려 어린 시절을 선생님과 부모님 말씀 잘 듣고 말썽부리지 않는 착한 아이로 지내서 조용하고 별 탈 없는 학창 시절을 보냈다. 그런 내가 어린 시절 이 책을 만났다면 마야를 보고 대단하다고 느꼈겠지만, 괴리감만 느끼고 여전히 도전하지 못했을 것이다. 어릴 적 숙제로 쓰던 독후 감상문엔 위인과 멋진 주인공들이 많았다. 늘 마지막 문장은 '멋진 주인공을 본받고 싶다'로 끝맺음했다. 진솔하게 고백하자면 그냥 투박한 문장일 뿐이었다. 그래야만 선생님께 '참 잘했어요' 같은 확인 도장을 받을 수 있었다. 마야는 뾰족한 침도 있었고 발 빠른 날개도 있었다. 그의 용기를 본받기 이전에 어린이에게 스스로 믿을 만한 구석을 찾도록 해주었다면 어땠을까.

　　　세상을 조금씩 이해하는 나이가 되어서야 세

상 밖이 궁금했고 뭐든 도전하고 싶었다. 기질적으로 불안보다는 설렘을 기대하는 성향이다. 포장지를 풀기 전에 무엇이 들어 있을지 모르는 블라인드 선물 상자처럼 두근대는 마음으로 도전한다. 내게는 약간의 고립과 억압이 자유를 갈망하는 촉매제가 된 것 같다. 이토록 자유로운 영혼이 된 것은 학창 시절을 너무 조용히 보낸 것도, 어른의 말에 순종적이었던 것도 한몫했다고 본다. 절정은 임용 준비와 공립교육기관에서 일을 하면서 나의 억눌림이 폭발했다. 어린 시절부터 마야 같은 패기가 있었다면 어땠을까. 말썽꾸러기라는 꾸지람도 듣고 보통의 어린이답게 그 시절을 즐겼다면 오히려 지금은 집과 회사를 오가는 평범한 어른으로 지냈을지도 모르겠다. 마야는 젊은 패기와 열정으로 세계 곳곳을 여행하며 배움을 즐겼는데 나이가 들어가면서 어떤 어른으로 성장했을지 궁금하다.

  어쨌든 지금의 나는 모험하는 어른으로 자랐다. 궁금한 지역은 기회를 만들어 꼭 떠났고 그곳의 문화와 역사를 온몸에 새기고 열린 마음으로 새로운 사람들과 교류했다. 삶을 나누고 고민하고 치열하게 젊음을 누렸다. 도전할 만한 일에 오랜 시간을 들여보기도 했고 기쁨도 좌절과 아픔도 겪었다. 그 과정에서 용기 내지 못했던 어린 시절에 대한 보상 심리처럼 '모험'이라는 단어에 집착하고 있었다. 모험을 통해 나만의 믿을 만한 구석을 찾고 싶었다. 조금씩 알을 깨고 나오는 기분이었다. 생각지 못한 나를 알게 됐고 그런 내가 마음에 들었다.

외출할 때 꼭 책 한 권을 가방에 넣고 가는데 한동안 '모험'이라는 단어에 꽂혀서 『소소한 모험을 계속하자』를 들고 경주 여행길에 올랐다. 옥상달빛 김윤주와 박세진이 15년간 나눈 편지를 묶은 책이다. 소소한 모험이란 일상에서 지속될 수 있는 모험을 뜻한다. 모험이라면 이 세계를 벗어나야만 겪을 수 있는 것이라고 착각하기 쉬운데 그러기엔 너무 많은 체력과 용기가 필요하다. '소소한 모험'과 '계속'이라는 단어가 주는 꾸준함이 좋았다. 꾸준히 하기 위해선 소소하게 시작해야 한다. 그러다가도 커다란 모험이 기다려지는 순간엔 또 훌쩍 떠나기도 해야 한다.

경주 숙소 근처에 우연히 들어간 카페는 한쪽 벽면에 사진전을 열고 있었다. 사진을 좋아하는 사장님이 직접 찍은 사진들이었다. 오른쪽엔 작품 해설이 있었다. '모험' 같은 여행을 하고 싶었다…로 시작하는 글이었다. 그 시기는 복잡하고 다양한 물음이 반복되던 시기라고 정의했다. 눈이 반짝였다. 모험을 찾는 내게 찾아온 이 글귀는 무엇일까. 새로움이 갈급할 때는 가장 고민이 많은 시기였다. 틀에 박힌 생활에 변화를 원했던 마야처럼, 보수적인 직장에서 답답함을 느꼈던 나처럼. 모든 게 오버랩 됐다. 이 여행을 지나 내가 선택한 것은 역시 퇴사였다. 이 물음엔 사실 답이 정해져 있었다. 여행을 떠나기 전, 내가 짐가방 속에 집어넣은 '모험'이란 단어가 새겨진 책 한 권은 모험을 계속하겠다는 일종의 선전포고와도 같았다.

고등학교 도덕 선생님이 수업 시간에 자유와 방종의 차이가 무엇인지 질문을 하셨던 장면이 아직도 눈앞에 선하다. 둘의 차이는 '책임'이라고 하셨던 말이 그날 이후 내게 깊이 박혔다. 어른이 되면 책임질 일이 많아질 것이라 했던 것이 우리가 학교라는 보호의 틀에서 벗어나 자유를 누리면서 따라오는 당연했다. 이때부터 나는 내가 선택한 무모한 일들에 모험이라는 타이틀을 쥐여주고 그에 따른 결과에 책임을 다하려 애썼다. 소소한 모험들이 쌓여 지금의 나를 만든 것에 대해 후회하기보다 받아들일 수 있는 건 자유에 책임을 지겠다고 했던 마음가짐 덕분이었다. 안정적인 선택이 아닌 모험이라는 선택을 자꾸만 하는 것은 그 과정에서 배우는 것이 훨씬 많았고 내가 그런 과정을 즐기는 사람이었기 때문이다.

　　　　퇴사 의사를 밝히러 관리자를 찾아갔을 때, 본인에게 좋은 선택을 하는 게 맞다고 했다. '본인에게'라는 수식어에 힘주어 말씀하셨다. 무엇이 내게 좋은 선택인지는 솔직히 모르겠으나, 직장 상사 이전에 존경하는 어른이라 그 말을 신뢰하기로 했다. 다만 그에 따른 여러 결과를 받아들일 마음의 준비가 됐었다. 그렇게 대학 때와 십 학번이 차이 나는 학생증을 받아 들고서 새로운 배움을 시작했을 때, 당연히 불안하고 조급한 마음도 들었지만 내 선택을 믿었다. 출판사의 현실 앞에 좌절할 만한 일도 겪었지만, 나는 이 모든 것을 좋은 결과로 받아들이기로 결심했고 그렇게 만들었다. 나를 닮은 시간 속에서 헤엄치는 것만으로 이미 나에겐 좋은 선택이었기 때문이다.

　　　어떤 선택이 나에게 밝은 희망을 가져다줄 것이라고 기대하면 원하는 결과가 나오지 않을 때 실망하기 마련이다. 나는 그저 내 선택을 믿기로 했다. 어떤 결과도 내가 좋게 받아들이면 그건 좋은 결과가 된다. 비관주의 같지만, 세상에 좋은 선택은 없다. 그 선택을 좋은 것으로 만들겠다는 내 의지가 있을 뿐이다. 신기한 것은 자꾸만 그런 의지를 가지고 선택하다 보면 그것이 나의 본성이 된다는 사실이다. 내게 좋은 내가 되어있다.

반복되는 일상이 무사히 지나기를 바라지만 단조로우면 그것에 지루함을 느낀다. 새로움을 추구하다가도 안정감을 원하고 안정되면 안주하는 자신이 걱정된다. 평생토록 이 고민은 끝이 없을 것이다. 그래서 우리는 더더욱 소소한 모험을 계속해야 한다. 가끔 새롭고 대부분 안정되도록. 그 안에 나에게 좋은 것들로 채워가도록.

애착

    인형

갓난아기들은 애착 인형을 하나씩 갖는다. 따뜻한 촉감과 특유의 포근함 때문에 보호자가 보이지 않을 때나 낯선 환경에 놓일 때 인형을 꼭 끌어안고 안정감을 느낀다. 한자리를 얼마나 매만졌는지 어느 귀퉁이는 보풀이 올라오고 급기야 구멍이 나거나 헤지기도 했을 것이다. 그것을 깁고 또 기워서 끝내 같은 인형을 끌어안는다. 아기의 애착 인형처럼 지금의 내 모습을 이루기까지 애착을 주었던 첫 번째 존재는 무엇이었나 생각을 따라가 보았다. 그 끝에는 '사진'이 있었다.

대학 때 첫 연애를 시작하면서 문화생활의 길로 이끌어준 분을 만났다. 처음 따라갔던 전시회가 사진전이었다. 무려 린다 매카트니Linda McCartney의 전시였다. 나는 보통 사진작가를 떠올리면 남성 작가를 먼저 떠올렸다. 그런데 여성 작가의 전시라 놀라웠다. 그녀와 가족의 일상을 담아낸 순간은 정말 평범해서 더욱 따스했고 시선 하나하나가 전부 아름다웠다. 그녀의 일생을 살펴보면 부유한 법조인의 가정에서 태어나 전통적인 계통을 이어가야 마땅함에도 반항적으로 로큰롤과 사진을 사랑하면서 아티스트 기질을 쫓다가 폴을 만났다고 한다.

She realised her true self was more artistic, so she didn't do what was expected of her. And I'm lucky because of that.

— *Paul McCartney*

그녀는 자신의 진짜 모습이 더 예술적이라는 것을 깨달았기 때문에 자신에게 기대된 것을 하지 않았습니다. 그리고 그건 저에게 행운이죠.

— *폴 매카트니*

그녀의 진짜 모습을 찾게 해준 사진이 뭘까 궁금했고 그때부터 나도 사진의 매력에 푹 빠졌다. 처음 아르바이트해서 모은 종잣돈으로 캐논 DSLR 카메라를 구입했다. 그 당시 최신 기종이었고 첫 월급으로 산 의미 있는 카메라여서 애지중지하면서도 신나게 들고 다녔다. 나의 취미는 곧 사진 촬영이 되었고 동네를 비롯해 서울 근교로 밤낮 출사를 다니며 주로 풍경과 친구들을 많이 찍었다. 도서관에서 카메라 관련 책을 빌려보기 시작했고 카메라 용어에 관해 공부했다. 무거운 카메라를 목에 메고 삼각대를 짊어지며 여행을 떠나기 시작했고 그때의 여행이 자연스럽게 기록이 되었다. 사진에 얽힌 이야기들을 나열하다 보니 한 권의 책이 되었고 글 쓰는 취미를 가진 사람에서 책을 만드는 사람으로 지금의 나를 만들어 주었다. 카메라 전용 스트랩은 여름의 땀방울로 얼룩져 있고 가끔 이동 중에 떨어뜨려서 화면 일부분은 깨지기도 했다. 여기저기 잔기스가 났고 카메라를 쥐는 부분엔 선명한 손자국이 있다. 험궂은 주인을 만나 성한 곳이 없지만 낡아진 모습이 보풀이 핀 자리 같아서 애틋하다. 카메라를 통해 사진에 관심 있는 다양한 사람을 만나기도 했고 다양한 기회와 통로가 돼주었다.

첫 독립출판물 표지에는 부끄럽게도 자화상이 들어가 있다. 그때 당시 산 소중한 카메라를 들고 사진을 찍는 옆 모습인데, 여전히 나를 표현하는 최선의 장면이라고 생각한다. 표지의 탄생 비화를 적어 보자면, 처음 만드는 독립출판물이었고 드로잉 책인데 표지를 어떻게 정해야 할지 몰라 고민이었다. 인쇄소 대표님과 콘셉트에 대한 이런저런 얘길 나누다가 본인의 얼굴을 그려 넣으면 어떠냐고 하셨다. 얼굴이 공개되는 건 싫어서 손사래를 쳤다. 그래도 처음 책이니까 명함을 내미는 것처럼 본인을 알리면 좋을 것 같다는 의견을 주셨다. 며칠을 고민하다가 정면은 부담스럽고 옆 모습을 그려보자고 마음을 먹었다. 어떤 모습을 그려볼지 사진첩을 넘기다가 친구와 북촌 한옥마을로 출사를 갔던 날, 카메라로 사진을 담는 나를 찍어준 사진이 눈에 들어왔다. 사진과 나, 오묘한 애착으로 얽힌 그 모습이 가장 나다운 모습 같았다. 그렇게 표지에는 카메라를 든 내 옆모습이 들어갔다. 처음엔 얼굴이 들어간 표지를 소개하는 게 너무 부끄러웠지만 지금 생각하면 정말 날것 그대로의 표지라서 사랑스럽다. 나를 소재로 작품을 만든다는 게 공개적인 측면에서 쉬운 일은 아니지만 훗날 돌이켜보면 나를 위한 작품을 남겼다는 것에 자부심이 생긴다. 내가 아는 그때의 나를 직접 그려낼 수 있어서 기쁘다.

  당시 자신의 운명에 반항하며 사진을 선택한 린다와 교육자의 소명을 벗어던지고 책을 다루는 지금의 내가 어쩐지 닮았다고 느낀다. 나의 예술적 기질을 깨워준 그날의 전시가 포근한 애착 인형 같다. 누구나 깊이 떠올리면 안정감을 주는 존재가 있을 것이다. 마음속에서 외치는 소리에 귀 기울여 그 끝을 따라가다 보면 앞으로 나아갈 방향에 약간의 힌트가 되지 않을까.

편집
된

    나

삽지사에 다니며 그토록 하고 싶었던 책을 디자인하는 일이 나의 밥벌이가 되었을 때, 날것의 나와 정반대 편의 것을 하는 나를 발견했다. 이 네모난 판 안에 들어올 수 있는 것은 예쁘고, 단정하게 정돈되어야 하는 것이고 선택받지 못한 사진이나 글은 네모 밖으로 꺼내지는 것을 수없이 반복했다. 보이는 것과 보이지 않는 부분의 경계는 선 하나를 넘는 것일 뿐, 그리 멀지 않았다. 편집된 것에 속지 않으려면 네모 바깥의 것들을 잘 정리해야 할 필요를 느꼈다. 지금은 콘셉트에 맞지 않아 버려진 이미지와 글이라도 언젠가 필요한 순간이 오기 마련일 테니까.

세상은 점점 편집된 것들을 보여준다. 더 예쁘고 더 자극적인 자막과 화려한 음향과 기술을 넣기도 한다. 그래서 늘 논란이 되는 악마의 편집, 대본의 유무를 종용하기도 한다. 사람들은 라이브 방송을 좋아한다. 편집 없이 생생한 사람의 얼굴을 마주하고 보는 대로 믿고 싶어 한다. 방송사에서도 생방송과 리얼 버라이어티 프로그램은 여전히 인기다. 이토록 시청자들이 타인의 날것 그대로 보고 싶은 욕구가 무엇일까. 현실은 누구나 볼품없다는 걸 공감받고 싶은 것이 아닐까.

요즘 영상편집 하는 기술은 전문가가 아니더라도 좋은 프로그램을 응용해서 누구나 할 수 있다. 방송 PD를 준비하던 지인은 편집 기술은 누구나 할 수 있는 영역이라 더 이상 전문 영역이 아니고 점점 설 자리가 없다고 말했다. 편집 디자이너도 마찬가지다. 누구나 디자인 프로그램을 깔면 쉽게 이미지나 소스를 활용해서 그럴싸하게 디자인할 수 있다. 전문가도 비전문가도 각자 고유한 느낌으로 편집을 이어간다. 방식이 어떠하든지 편집이 중요한 이유는 불필요한 부분을 정돈하고 내가 추구하는 이상적인 방향으로 보이기 위해서다. 우리도 마찬가지다. 세상에 보이는 이미지는 당연히 편집된 모습이다. 누군가 내 편집된 글을 읽으면서 작가의 사람 됨됨이를 예측할지도 모른다. 여기에 쓰인 글 역시 썼다 지우기를 반복하며 수정을 거듭한 완벽히 편집된 글이다. 내가 추구하는 방향을 적고 있지만 매 순간 다짐처럼 살지는 못한다. 불균형, 불확실함, 실수, 날것의 서툰 모양새가 곳곳에 분포한다. 그래도 글에서 느껴지는 문체처럼 자꾸만 다짐하는 말들로 나를 만들어 간다.

〈알쓸인잡〉에서 지식인의 대화를 엿듣는 걸 좋아한다. 23년 1월에 방영분에는 알츠하이머병을 주제로 여러 이야기가 오가는 중에 '편집된 나'에 대한 이야기가 나온다. 기억과 나의 관계성을 돌아본 김상욱 교수는 기록할 수 있고 눈에 보이는 나보다 편집되어 '망각'하는 내가 진짜 나라고 말했다. 그러나 나는 기록 속의 나도 자신이라고 믿는다. 무의식 속에 살고 있는 나와 의식적으로 편집된 이상적인 나도 모두 '나'다. 단편적인 모습도 다면적인 모습도 누구나 있다.

편집자의 의도에 따라 작품은 전혀 다른 방향으로 전개된다. 어떤 의지를 갖느냐에 따라 자신을 만들어 갈 수 있다. 서툰 모습을 싹둑 잘라버리고 잡음을 단번에 제거할 순 없지만, 현재 도착해 있는 그 모습과 변화될 이후도 의지를 가지며 꾸준히 만들어 가면 된다. 과거를 편집할 순 없지만 미래를 편집해 가려는 삶의 의지, 그거면 된다. 내가 이렇게 날것의 나를 나열하며 자꾸만 마음을 다잡는 이유도 거기에 있다. 과거를 청산할 순 없지만 기억이 아닌 의지에 초점을 두고 싶어서다. 이쯤에서 나의 날것으로 인해 주변을 세심하게 돌보지 못했음을 고백한다. 온전히 내게 집중했던 삶이 좋기도 했지만, 상대방의 마음을 헤아리지 못했던 적도 많다. 편집하고 싶은 부분을 차분히 기록해서 날것 그대로여도 주변을 품을 수 있는 사람이고 싶다.

출구 ──── 【出口】
 [명사]
 : 1. 밖으로 나갈 수 있는 통로
   2. 빠져나갈 길.

The
                End

[출구 ──── 쪽문]

일본 데카당스décadence 문학을 대표하는 다자이 오사무 『인간 실격』 뒤표지에는 '모든 것은 지나간다'는 문장이 실렸다. 그의 침잠하는 글에는 쓸쓸하면서도 담담한 우리 인생의 진면목을 도려내듯 보여준다. 지나간다는 말이 때론 매정하기도 하지만 영원하지 않아서 다행이다. 좋은 일은 곁에 오래 머물기를 바라고 계속되기를 원하지만, 인생에 어디 희희낙락喜喜樂樂만 있겠는가. 무엇이든 끝이 있기에 아름다운 법이다. 끝이 있어 다행인 건 모든 것이 잠시 곁에 머무는 것이므로 조금은 너그럽고 관대해져도 괜찮다.

〈유 퀴즈〉 김창옥 강사님 편은 유명 강사를 모신 만큼 고민 상담 코너가 있었는데, 인생 '노잼시기'가 왔다는 고민에 이런 답변을 했던 것이 인상 깊다.

"인생에는 열정기, 권태기, 성숙기라는 세 번의 시기가 있습니다. 열정을 다한 만큼 권태도 심할 것이지만 영원하지 않아요. 곧 성숙기가 찾아올 거예요."

나는 시작보다 끝이 더 중요하다고 생각하는 사람이다. 개인적으로 입학식보다 졸업식이 더 큰 행사고 입사보다 퇴사가, 만남보다 이별이 더 중요하다고 생각한다. 그리고 조심스럽지만, 탄생보다 죽음이 훨씬 중요하다고 느낀다. 뫼비우스의 띠처럼 시작과 끝은 연결되어 있어서 무엇이 더 중요하다고 할 수 없겠지만, 끝은 다음 시작을 위한다는 점에서 단연코 중요하다.

어릴 때나 지금이나 여전한데, 대중 앞에서 갑자기 말해야 하는 순간이 오면 엉뚱한 소리로 빙빙 둘러대다가 대체로 말끝을 흐리곤 한다. 흔히 말 잘한다는 사람의 화법을 자세히 들어보면 끝맺음을 잘 한다. 화려한 언변이 필요한 것이 아니라 문장의 맺음을 명료하게 한다. 대부분 마지막 문장만 기억하기 때문에 듣는 이의 귀에 쏙 박히게 하려면 마지막 문장을 생각하고 말해야 한다.

　　　　이토록 끝이 중요한 이유는 끝은 어떤 인상을 깊이 남기기 때문이다. 물론 첫인상도 중요하다. 그것에는 개인의 고정관념이나 편견이 개입된다면, 끝 인상은 편견을 깨거나 생각을 바꾸기 때문에 더욱 중요하다. 끝이 주는 여운이 대상에 대한 전체적인 평가로 남겨질 때가 많다. 작품을 감상할 때를 떠올려보라. 영화, 책, 전시, 음악, 연주회에서 나올 때 우리는 마지막 장면, 마지막 대사, 마지막 글귀, 마지막 연주에서 여운을 가지고 자리를 떠난다. 누군가 마지막으로 앉았던 그 자리에 나시 앉아보면 그 사람의 체온이 남아 있다. 사람은 떠났지만, 온기가 남기고 간 것은 앉았던 사람을 떠올리게 한다. 그래서 나도 글의 맺음을 할 때 더욱 신중하게 메시지를 고른다. 정말 하고 싶은 말은 꼭꼭 숨겼다가 마지막에 해버리는 편이다.

　　　　여행은 떠나기 전이 더 설렌다. 기대감으로 짐을 꾸리고 여행길에 오를 때 콧노래를 부른다. 그러나 마지막 밤을 아쉬워하며 안녕을 고할 때를 직감해야 그 추억이 새삼 소중하게 여겨진다. 이런 이유로 나는 마무리를 잘하는 사람이 되고자 했다. 내가 맺는 마무리가 아름다운 끝이 되길 바랐다. 그 생각은 책임감을 느끼게 했고 매 순간 성실히 내 몫을 해내게 했다. 여러 이유가 있겠지만 어떤 일은 성실함을 내고 싶지 않았다. 그러면 가능한 한 빨리 그 일을 마무리 지으려고 했다. 열심은 억지로 낼 수 있는 게 아니기도 하고, 억지 열심은 나를 해치는 일이기도 하다. 최선을 다하되 애쓰지 않는 것이 나를 지키는 일이다. 아름다운 끝이 있을까에 대해 의견이 분분하겠지만 나는 있다고 믿는다. 자신에게 솔직했고 시작된 순간부터 끝을 맺기까지 최선을 다했다면 그 매듭은 아름다운 모양으로 묶였을 것이다.

      이십 대를 나가며 새로운 삼십 대의 입구에 섰다. 지난 십 년을 돌아보면 하고 싶은 게 참 많았다. 영원할 것 같았던 젊음을 낭비하며 고생을 자처했고 여기저기 먼지 나게 굴렀다. 잘 몰라서 부딪히며 배운 것에서 나를 알아갔고 그렇게 조금씩 성장했다. 다시 이십 대로 돌아가겠냐는 질문엔 조금의 고민도 없이 거절을 외치겠다. 그만큼 치열하고 열심히 내 삶을 사랑하며 울고 웃었기 때문에 미련 없이 보내줄 수 있다. 어릴 적 내가 상상했던 서른은 이런 모습은 아니었지만, 오히려 완벽한 상상 속의 내가 아니라서 철없이 후회 없이 보낸 것 같다. 새롭게 맞이하는 삼십 대에는 이전에 구르며 배운 것 중에 좋았던 것을 더 깊이 알아가려고 한다. 날것의 나를 불맛나게 익혀보기도 하고 양념이 깊이 배도록 뜸을 들이기도 하면서 나만의 방식으로 맛있게 요리해 보련다. 사실 이것도 생각대로 되지 않겠지만 거기서도 배우는 것이 있겠지.

      처음 책을 크라우드펀딩으로 제작했을 때 후원자들에게 캘리그래피calligraphy를 적어주는 이벤트를 진행했었다. 원하는 문구를 남겨달랬고 예쁜 말들 속에 "수고했어, 오늘도"라는 문구가 압도적으로 많았다. 친구들이 이 말을 가장 듣고 싶어 하는지 몰랐다. 글귀 하나하나 적어 내려가면서 작은 위로가 되길 바랐다. 그때를 떠올리며 내게도 말해주고 싶다.

      잘 해왔고, 수고했어.

· 출처표기 ·

* 책 이름은 겹낫표(『』)로, 칼럼·인터뷰는 홑낫표(「」)로, 영화 제목은 겹화살표(《 》)로, 프로그램·곡명은 홑화살표(〈 〉)로 표기 하였습니다.

· 출처 ·

문요한 『관계를 읽는 시간』 더퀘스트, 2018

알랭 드 보통 『슬픔이 주는 기쁨』 청미래, 2022

유지혜 『우정 도둑』 다산북스, 2023

정여울 『여행의 쓸모』 스튜디오오드리, 2023

나희덕 『한 걸음씩 걸어서 거기 도착하려네』 달, 2017

BMC 『일본의 아름다운 계단 40』 프로파간다, 2015

무루 『이상하고 자유로운 할머니가 되고 싶어』 어크로스, 2020

권준호 『디자이너의 일상과 실천』 안그라픽스, 2023

버지니아울프 『자기만의 방』 민음사, 2016

발데마르 본젤스 『꿀벌마야의 모험』, 1912

김윤주/박세진 『소소한 모험을 계속하자』 문학동네, 2022

다자이 오사무 『인간 실격』 민음사, 2012

김지연 칼럼 「재능의 집」, 2023

이슬아 인터뷰 「중앙일보-폴인」, 2023

이루마 인터뷰 「연세춘추」, 2010

· 출처 ·

피트 닥터 《인사이드 아웃》 미국, 2015

짐 자머시 《패터슨》 독일 미국 프랑스 합작, 2017

MBC 〈태어난 김에 세계일주 시즌3〉, 2023~2024

넷플릭스 〈데블스 플랜〉, 2023

넷플릭스 〈정신병동에도 아침이 와요〉, 2023

tvN 〈유 퀴즈 온 더 블럭〉, 2018~

tvN 〈알쓸인잡〉, 2022~2023

잔나비 〈꿈과 책과 힘과 벽〉, 2019

Thanks to God.